BEATE KREMIN-BUCH

D1826915

Strategisches

Kostenmanagement

Grundlagen und
moderne Instrumente

Mit Fallstudien

LEHRBUCH

Die Deutsche Bibliothek - CIP-Einheitsaufnahme

Kremin-Buch, Beate:
Strategisches Kostenmanagement : Grundlagen und
moderne Instrumente ; mit Fallstudien
/ Beate Kremin-Buch. - Wiesbaden : Gabler, 1998
    ISBN 3-409-12266-4

Alle Rechte vorbehalten

© Betriebswirtschaftlicher Verlag Dr. Th. Gabler GmbH, Wiesbaden, 1998
Der Gabler Verlag ist ein Unternehmen der Bertelsmann Fachinformation GmbH.
Lektorat: Jutta Hauser-Fahr

Das Werk einschließlich aller seiner Teile ist urheberrechtlich geschützt. Jede
Verwertung außerhalb der engen Grenzen des Urheberrechtsgesetzes ist ohne
Zustimmung des Verlages unzulässig und strafbar. Das gilt insbesondere für
Vervielfältigungen, Übersetzungen, Mikroverfilmungen und die Einspeiche-
rung und Verarbeitung in elektronischen Systemen.

http://www. gabler-online.de

Höchste inhaltliche und technische Qualität unserer Produkte ist unser Ziel. Bei der Produktion und
Auslieferung unserer Bücher wollen wir die Umwelt schonen: Dieses Buch ist auf säurefreiem und
chlorfrei gebleichtem Papier gedruckt.

Die Wiedergabe von Gebrauchsnamen, Handelsnamen, Warenbezeichnungen usw. in diesem Werk
berechtigt auch ohne besondere Kennzeichnung nicht zu der Annahme, daß solche Namen im Sinne
der Warenzeichen- und Markenschutz-Gesetzgebung als frei zu betrachten wären und daher von
jedermann benutzt werden dürften.

Druck und Buchbinder: Lengericher Handelsdruckerei, Lengerich/Westf.
Printed in Germany

ISBN 3-409-12266-4

Vorwort

Das strategische Kostenmanagement gewinnt gegenüber der traditionellen Kostenrechnung zunehmend an Bedeutung. Bei Durchsicht der Literatur fällt jedoch auf, dass die Instrumente des strategischen Kostenmanagement, insbesondere

* das Fixkostenmanagement,

* die Prozesskostenrechnung,

* das Target Costing,

* das Product Lifecycle Costing,

* das Cost Benchmarking,

häufig isoliert dargestellt werden. Es ist daher ein besonderes Anliegen dieses Lehrbuches, die Instrumente nicht nur prägnant und leicht verständlich mit vielen Zahlenbeispielen zu charakterisieren, sondern darüber hinaus ihren kombinierten Einsatz zu beschreiben. Dazu dienen zahlreiche Fallstudien, die dem Leser die Integration schrittweise verdeutlichen.

Wie immer, gilt mein besonderer Dank meinem Mann, dessen konstruktive Kritik stets den Kern der Sache trifft und der wesentlich zum Gelingen des Buches beigetragen hat. Sollten dennoch Fehler verblieben sein, gehen sie selbstverständlich zu meinen Lasten. Für Anregungen und Kritik wäre ich dankbar.

Beate Kremin-Buch

Inhaltsverzeichnis

Vorwort V

Inhaltsverzeichnis VII

Abbildungsverzeichnis IX

Abkürzungs- und Symbolverzeichnis X

1. Grundlagen des strategischen Kostenmanagement 1

   1.1 Von der Kostenrechnung zum strategischen Kostenmanagement 1

   1.2 Management zur Beeinflussung der Kosten 10
      1.2.1 Kostenniveau-Management 10
      1.2.2 Kostenverlauf-Management 11
      1.2.3 Kostenstruktur-Management 12

2. Instrumente des strategischen Kostenmanagement 15

   2.1 Fixkostenmanagement 15
      2.1.1 Zielsetzungen 15
      2.1.2 Abbauhemmnisse fixer Kosten 16
      2.1.3 Erhöhung der Fixkostentransparenz als Grundlage für Abbauent-
          scheidungen 17
          2.1.3.1 Kostenartenmethode 17
          2.1.3.2 Vertragspotentialdatenbanken 20
          2.1.3.3 Eigentumspotentialdatenbanken 25
      2.1.4 Kritische Würdigung 27

   2.2 Prozesskostenrechnung 28
      2.2.1 Entwicklungsgründe 28
      2.2.2 Merkmale 30
      2.2.3 Prozesskostenstellenrechnung 34
      2.2.4 Prozessorientierte Kalkulation 49
      2.2.5 Gemeinkostencontrolling 66
      2.2.6 Ausgewählte Probleme bei der Einführung und Anwendung der
          Prozesskostenrechnung 72
      2.2.7 Kritische Würdigung 73
      2.2.8 Integration von Prozesskostenrechnung und Fixkostenmana-
          gement 79

2.3 Target Costing 106
    2.3.1 Grundidee 106
    2.3.2 Schlüsselkonzept 107
    2.3.3 Zielkostenspaltung 109
    2.3.4 Integration von Target Costing und Prozesskostenrechnung 114
    2.3.5 Zielkostenkontrolldiagramm 122
    2.3.6 Target Costing als Controllingansatz im Lean Management 125
        2.3.6.1 Grundzüge des Lean Management 125
        2.3.6.2 Unterstützung des Lean Management durch das Target
               Costing 128
    2.3.7 Kritische Würdigung 132

2.4 Product Lifecycle Costing 134
    2.4.1 Grundidee 134
    2.4.2 Investitionsorientierter Ansatz 137
        2.4.2.1 Rechengrössen 137
        2.4.2.2 Konzept 140
    2.4.3 Deckungsbeitragsorientierter Ansatz 151
        2.4.3.1 Rechengrössen 151
        2.4.3.2 Konzept 151
    2.4.4 Kritische Würdigung 155
    2.4.5 Integration von Target Costing, Product Lifecycle Costing und
        Prozesskostenrechnung 157

2.5 Cost Benchmarking 174
    2.5.1 Grundzüge des Benchmarking 174
    2.5.2 Zielsetzung des Cost Benchmarking 182
    2.5.3 Abgrenzung von Cost Benchmarking und Kaizen Costing 182
    2.5.4 Cost Benchmarking-Prozess 183
    2.5.5 Kritische Würdigung 185
    2.5.6 Integration von Target Costing, Prozesskostenrechnung und
        Cost Benchmarking 186

Literaturverzeichnis **209**

Stichwortverzeichnis **213**

Abbildungsverzeichnis

Abb.   1: Wertschöpfungskette   8

Abb.   2: Struktur eines fixkostenmanagementorientierten Kostenartenplans für
Personalkosten   18

Abb.   3: Fixkostenmanagementorientierter Betriebsabrechnungsbogen   19

Abb.   4: Feldbeschreibung einer Vertragspotentialdatenbank   21

Abb.   5: Übersicht über Vertragsarten   22

Abb.   6: Vertragsanalyse nach Kündigungsfristen   25

Abb.   7: Feldbeschreibung einer Eigentumspotentialdatenbank   26

Abb.   8: Kalkulationsschemata der traditionellen Vollkostenrechnung und der
Prozesskostenrechnung   31

Abb.   9: Aufbau der Prozesskostenrechnung   33

Abb. 10: Prozesshierarchie   36

Abb. 11: Gemeinkostencontrolling in der Prozesskostenrechnung   71

Abb. 12: Schlüsselkonzept des Target Costing   107

Abb. 13: Zielkostenkontrolldiagramm   123

Abb. 14: Anwender von Target Costing in Japan   125

Abb. 15: Schlüsselkonzept des Lean Management   126

Abb. 16: Lebenszyklus eines Produkts   134

Abb. 17: Lebenszyklusbezogene Kosten- und Erlöskategorien   135

Abb. 18: Anteile unterschiedlicher Bereiche an Kostenfestlegung und Kostenanfall bezogen auf die Produktselbstkosten   136

Abb. 19: Produktlebenszyklusbezogene Deckungsbeitragsrechnung als Fortführung periodischer Deckungsbeitragsrechnungen   152

Abb. 20: Lebenszyklusrechnung in t_0 161

Abb. 21: Lebenszyklusrechnung in t_1 167

Abb. 22: Lebenszyklusrechnung in t_2 169

Abb. 23: Lebenszyklusrechnung in t_7 172

Abb. 24: Benchmarking-Arten nach dem Vergleichspartner   176

Abb. 25: Bewertung der Benchmarking-Arten   178

Abb. 26: Beispiel für einen Benchmarking-Prozess   181

Abkürzungs- und Symbolverzeichnis

Abb.	Abbildung
abbaub., abb..	abbaubar
abbf.	abbaufähig
ABC	Activity Based Costing
AG	Aktiengesellschaft
A_t	Auszahlungen am Ende der Periode t
Aufl.	Auflage
Bd.	Band
Beob.	Beobachtung
Besch.-Abw.	Beschäftigungsabweichung
Best.	Bestellung
BFuP	Betriebswirtschaftliche Forschung und Praxis
bzw.	beziehungsweise
ca.	circa
DC	Drifting Costs
d.h.	das heisst
DM	Deutsche Mark
EDV	Elektronische Datenverarbeitung
E_t	Einzahlungen am Ende der Periode t
etc.	et cetera
F.	Funktion
f., ff.	folgende
FEK	Fertigungseinzelkosten
Fert.-Std., F.-Std.	Fertigungsstunde (n)
FGK	Fertigungsgemeinkosten
F&E	Forschung und Entwicklung
GmbH	Gesellschaft mit beschränkter Haftung
GPKR	Grenzplankostenrechnung

GWA	Gemeinkosten-Wertanalyse
H.	Heft
HP	Hauptprozess
hrsg.	herausgegeben
i	Kalkulationszinsfuss
i.d.R.	in der Regel
i.e.S.	im engeren Sinne
JfB	Journal für Betriebswirtschaft
K	Kapitalwert
Komp., K.	Komponente (n)
Kostenstellenrechn.	Kostenstellenrechnung
LF	Lieferant
LG	Leasing
lmi	leistungsmengeninduziert
lmn	leistungsmengenneutral
m^3	Kubikmeter
Masch.-Std., M.-Std.	Maschinenstunde (n)
m.a.W.	mit anderen Worten
MEK	Materialeinzelkosten
MGK	Materialgemeinkosten
MIS	Management-Informations-System
Mon., M.	Monat (e)
n	Lebenszyklus
Nr.	Nummer
o. ä.	oder ähnliche (s)
p.a.	per annum
P.-Nr.	Personalnummer
Pos.	Position
QS	Qualitätssicherung
r	Zinssatz beim Kapitalwert von Null
Rep.	Reparatur

ROI	Return on Investment
S.	Seite
Sp.	Spalte
St.	Stück
Σ	Summe
T.	Teil (e)
t	Periodenindex
TDM	Tausend Deutsche Mark
u.a.	unter anderem
USA	United States of Amerika
usw.	und so weiter
v.	von
Var.	Variante
var.	variabel
VDI	Verein Deutscher Ingenieure
Verr.-Satz	Verrechnungssatz
Vertr.	Vertrieb
Verw.	Verwaltung
vgl.	vergleiche
Vol.	Volume
W.	Wartung
WiSt	Wirtschaftswissenschaftliches Studium
WISU	Das Wirtschaftsstudium
z.B.	zum Beispiel
ZBB	Zero-Base-Budgeting
ZfB	Zeitschrift für Betriebswirtschaft
ZfbF	Zeitschrift für betriebswirtschaftliche Forschung
ZI	Zielkostenindex
ZS	Zuschlagssatz
$(1+i)^{-t}$	Abzinsungsfaktor

1. Grundlagen des strategischen Kostenmanagement

1.1 Von der Kostenrechnung zum strategischen Kostenmanagement

Betrachtet man die Entwicklung der Kostenrechnung im Zeitablauf, so steht am Anfang die traditionelle Vollkostenrechnung. Wie ihr Name schon sagt, verrechnet die Vollkostenrechnung die vollen Kosten auf die Kostenträger (Endprodukte), d.h. die Einzelkosten sowie den jeweiligen Anteil der Kostenträger an den Gemeinkosten. Unter den Kostenträger-Einzelkosten versteht die Vollkostenrechnung solche Kosten, die sich für die Kostenträger direkt erfassen lassen. Dazu gehören z.B. die Fertigungslöhne, weil sich die zeitliche Beanspruchung der Fertigungskostenstellen durch die Endprodukte erfassen und mit dem entsprechenden Lohnsatz bewerten lässt. Unter den Kostenträger-Gemeinkosten versteht sie solche Kosten, die sich nur für mehrere Kostenträger gemeinsam erfassen lassen. Ein Beispiel für solche Gemeinkosten ist das Gehalt des Meisters in der Fertigung. Der Verrechnung der vollen Kosten auf die Kostenträger liegt das Verursachungsprinzip in folgender Interpretation zu Grunde: Letztlich entstehen alle Kosten im Unternehmen nur deshalb, weil die Kostenträger als Endprodukte am Markt abgesetzt werden. Folglich müssen auch die Kostenträger alle Kosten tragen bzw. müssen alle Kosten auf die Kostenträger verrechnet werden.

Die Verrechnung der vollen Kosten auf die Kostenträger findet sich auch in den Systemen der Plankostenrechnung, nämlich in der starren Plankostenrechnung und der flexiblen Plankostenrechnung auf Vollkostenbasis. Als Systeme der Plankostenrechnung werden alle Verfahren bezeichnet, bei denen für bestimmte Planperioden im Voraus die Verbrauchsmengen und die Preise aller Kostengüter geplant und daraus Plankosten abgeleitet werden.

Im Zeitablauf wurde die Vollkostenrechnung heftig kritisiert. Folgende Kernprobleme wurden erkannt:

1. Willkürliche Verrechnung der Gemeinkosten,

2. Kalkulationsproblem,

3. Proportionalisierung fixer Kosten.

Zu 1. Willkürliche Verrechnung der Gemeinkosten

In der traditionellen Vollkostenrechnung werden Gemeinkosten in mehreren Phasen geschlüsselt:

* In der ersten Phase schlüsselt man im Rahmen der innerbetrieblichen Leistungsverrechnung die Einzelkosten der Hilfskostenstellen - das sind gleichzeitig die Gemeinkosten der Endkostenstellen - auf die Endkostenstellen.

* In der zweiten Phase werden die Kosten der Endkostenstellen - das sind gleichzeitig die Gemeinkosten der Kostenträger - auf die Kostenträger geschlüsselt. So werden z.B. die Materialgemeinkosten auf der Basis der Materialeinzelkosten verteilt.

Jede Schlüsselung von Gemeinkosten ist aber willkürlich, weil es gerade Kennzeichen der Gemeinkosten ist, für mehrere Objekte wie Kostenstellen oder Kostenträger gemeinsam anzufallen. Aus dieser Sicht ist die Schlüsselung von Gemeinkosten generell abzulehen.

Zu 2. Kalkulationsproblem

Bei der Ermittlung von Angebotspreisen nach dem Schema

$$
\begin{array}{rl}
& \text{Vollkosten} \\
+ & \text{Gewinnaufschlag} \\
\hline
= & \textbf{Angebotspreis}
\end{array}
$$

wird der Angebotspreis alleine aus den aktuellen Gegebenheiten im Unternehmen abgeleitet, mit anderen Worten die Nachfrage- und Konkurrenzsituation wird nicht berücksichtigt. Dadurch besteht die Gefahr, dass man sich „aus dem Markt" kalkuliert.

Zu 3. Proportionalisierung fixer Kosten

Fixe Kosten sind Kosten, die von einer Einflussgrösse (z.B. der Beschäftigung) unabhängig sind. Variable Kosten sind Kosten, die von einer Einflussgrösse (z.B. der Beschäftigung) abhängig sind. Durch die Verrechnung der vollen Kosten auf die Endprodukte werden die Fixkosten proportionalisiert. Dadurch kann es zu Fehlentscheidungen kommen.

Beispiel:

Ein Produkt wird in zwei Varianten hergestellt:

	Variante A	Variante B
Stückzahl / Periode	10 000	8 000
Preis / Stück	10 DM	14 DM
Variable Kosten / Stück	5 DM	6 DM

Die Fixkosten der Periode betragen 108 000 DM, d.h. je Stück

$$108\ 000\ \text{DM} : 18\ 000\ \text{Stück} = 6\ \text{DM} / \text{Stück}$$

Bei Verrechnung der vollen Kosten auf die Endprodukte ergibt sich dann folgende Rechnung:

	A	B
Preis / Stück	10 DM	14 DM
- variable Kosten / Stück	5 DM	6 DM
- fixe Kosten / Stück	6 DM	6 DM
= Nettoergebnis / Stück	- 1 DM	+ 2 DM

Aus dieser Rechnung lässt sich folgende Entscheidung ableiten: Elimination von Variante A, da sie ein Verlustbringer ist. Diese Entscheidung wäre aber eine Fehlentscheidung, wie der Vergleich der Periodenergebnisse mit und ohne Elimination zeigt.

Periodenergebnis mit Elimination von Variante A:

Umsatz	8 000 Stück B x 14 DM / Stück =	112 000 DM
- variable Kosten	8 000 Stück B x 6 DM / Stück =	48 000 DM
- Fixkosten		108 000 DM
= Verlust		**- 44 000 DM**

Periodenergebnis ohne Elimination von Variante A:

Umsatz	8 000 Stück B x 14 DM / Stück =	112 000 DM
	10 000 Stück A x 10 DM / Stück =	100 000 DM
- variable Kosten	8 000 Stück B x 6 DM / Stück =	48 000 DM
	10 000 Stück A x 5 DM / Stück =	50 000 DM
- Fixkosten		108 000 DM
= Gewinn		**+ 6 000 DM**

Erklärung:

Die Elimination von A wäre eine Fehlentscheidung, weil die Variante zwar keinen Nettogewinn / Stück erbringt, aber einen Beitrag zur Deckung der Fixkosten in Höhe von 5 DM / Stück bzw. 50 000 DM / Periode, der bei der Elimination verlorengeht:

Preis / Stück	10 DM
- variable Kosten / Stück	5 DM
= Beitrag zur Deckung der fixen Kosten / Stück	**5 DM**

---

10 000 Stück A x 5 DM / Stück

= 50 000 DM Beitrag zur Deckung der fixen Kosten / Periode

Probe:

Periodenergebnis mit Elimination	-	44 000 DM
+ Beitrag zur Deckung der fixen Kosten		
Produkt A	+	50 000 DM
= Periodenergebnis ohne Elimination	+	6 000 DM

Aus der Kritik an der Vollkostenrechnung entwickelten sich verschiedene Teilkosten-rechnungen.

Gemeinsames Kennzeichen aller Teilkostenrechnungen ist, dass sie nur Teile der Kosten auf die Kostenträger verrechnen.

Der wesentliche Unterschied bei den Teilkostenrechnungen besteht darin, dass sie unterschiedliche Teilkosten auf die Kostenträger verrechnen.

Das amerikanische Direct Costing, die Fixkostendeckungsrechnung sowie die flexible Plankostenrechnung auf Teilkostenbasis (Grenzplankostenrechnung) verrechnen als Teilkosten die variablen Kosten. Dabei ermitteln das Direct Costing und die Fixkosten-deckungsrechnung die variablen Kosten auf Grund des Abhängigkeitsverhaltens gegen-über **einer** Bezugsgrösse - der Beschäftigung -, während die flexible Plankostenrech-nung auf Teilkostenbasis die variablen Kosten anhand eines komplexen Bezugs-grössensystems ermittelt, das alle wesentlichen Kosteneinflussgrössen erfasst. Hinter der Zurechnung der variablen Kosten auf die Kostenträger steht wiederum das Verur-sachungsprinzip, allerdings in einer anderen Interpretation als in der traditionellen Vollkostenrechnung. Nunmehr wird interpretiert, dass die Kostenträger nur die Kosten verursachen, die sich ändern, wenn sich die Herstellung der Kostenträger mengenmäs-sig ändert - und das sind die variablen Kosten. Folglich sind auf die Kostenträger auch nur die variablen Kosten zu verrechnen.

Dagegen spielt die Differenzierung in fixe und variable Kosten bei der Einzelkosten- und Deckungsbeitragsrechnung nach Riebel (1990) nur eine untergeordnete Rolle. Sie verrechnet als Teilkosten auf die Kostenträger nur die Einzelkosten der Kostenträger. Einzel- und Gemeinkosten werden hierbei aber anders interpretiert als in der klassischen Vollkostenrechnung. Während die klassische Vollkostenrechnung von Kostenträger-Einzelkosten spricht, wenn sich Kosten für einen Kostenträger direkt erfassen lassen, spricht die Einzelkosten- und Deckungsbeitragsrechnung nur dann von Kostenträger-Einzelkosten, wenn sich Kosten nach dem Identitätsprinzip dem Kostenträger direkt zurechnen lassen. Das Identitätsprinzip konkretisiert das Verursachungsprinzip. Es besagt, dass nur solche Kosten und Kostenträger einander gegenüberzustellen sind, die auf einen identischen dispositiven Ursprung (auf eine identische Entscheidung) zurückzuführen sind. Gemeinkosten der Kostenträger sind entsprechend solche Kosten, die sich nach dem Identitätsprinzip nicht einem Kostenträger alleine, sondern nur mehreren Kostenträgern gemeinsam zurechnen lassen.

Kostenträger-Einzelkosten nach der Einzelkosten- und Deckungsbeitragsrechnung können variable Kosten der Kostenträger sein, müssen es aber nicht. So werden z.B. in der flexiblen Plankostenrechnung auf Teilkostenbasis Fertigungszeitlöhne als variable Kosten der Kostenträger angesehen. Dagegen sind sie in der Einzelkosten- und Deckungsbeitragsrechnung Kostenträger-Gemeinkosten, weil sie auf Grund von zeitbezogenen Arbeitsverträgen gezahlt werden und nicht zusätzlich mit einem Kostenträger anfallen.

Gleichgültig, welche Teile der Kosten die unterschiedlichen Teilkostenrechnungen auf die Kostenträger verrechnen, nennt sich die Differenz zwischen den Preisen / Stück und den Teilkosten / Stück stets

▓ **Deckungsbeitrag / Stück,**

bzw. zwischen den Erlösen / Periode und den Teilkosten / Periode stets

▓ **Deckungsbeitrag / Periode.**

Dadurch soll zum Ausdruck kommen, dass kein Nettogewinn, sondern nur ein Beitrag zur Deckung der Kosten erwirtschaftet wurde, die bei der Ermittlung der Deckungsbeiträge noch nicht berücksichtigt wurden. Zum Periodenergebnis kommt man, indem man von dem Deckungsbeitrag / Periode die noch nicht berücksichtigten Kosten absetzt.

Die Diskussion in der Kostenrechnung wurde lange Zeit von der grundsätzlichen Frage bestimmt, ob die Verrechnung der variablen Kosten oder der Einzelkosten nach dem

Identitiätsprinzip auf die Kostenträger zu den richtigen Kosteninformationen führt. Dann aber kam eine ganz anders gelagerte Kritik sowohl an der klassischen Vollkostenrechnung als auch an den gebräuchlichen Teilkostenrechnungen auf. Ihnen wurde vorgeworfen, für viele aktuelle, insbesondere strategische Fragestellungen keine relevanten Kosteninformationen liefern zu können. Der Grund hierfür sei darin zu sehen, dass sie in den zwanziger bis fünfziger Jahren zur Lösung von Problemen konzipiert worden seien, die sich wesentlich von den heutigen Problemen unterscheiden.

Damals war die starre Massenproduktion mit wenigen Varianten vorherrschend, die Produkte hatten im Markt einen relativ langen Lebenszyklus, die Unternehmen waren sehr arbeitsteilig und stark hierarchisch organisiert. In der Kostenstruktur dominierten die direkten Kosten, d.h. die Kosten solcher Bereiche, die direkt an der Leistungserstellung beteiligt sind (z.B. Fertigungskostenstellen). Heute sieht alles grundlegend anders aus. Flexibilität und Variantenvielfalt sind trotz hoher Automatisierung vorherrschend, die Produktlebensdauer sinkt rapide, überall strebt man flache Organisationsstrukturen an, die Arbeitsteilung wird dabei rückgängig gemacht (Stichwort: Lean Management, vgl. dazu 2.3.6 Target Costing als Controllingansatz im Lean Management). Die Technologiesprünge werden immer grösser. Die Internationalisierung der Märkte schreitet fort und führt auf den meisten angestammten Märkten tendenziell zu einem sinkenden Preisniveau und damit sinkenden Deckungsbeiträgen. Marktflexibilität und Wettbewerbsdynamik sind nur zwei Charakteristika des strategischen Handlungsbedarfs heutiger Unternehmen. Fragen nach Kosten- und Ergebnisauswirkungen von neuen Varianten, Qualitätsveränderungen und Durchlaufzeitverkürzungen erhalten falsche Antworten, weil die Kostenrechnung auf sie nicht vorbereitet ist. Vorbereitende, planende, steuernde, überwachende und koordinierende Tätigkeiten in Forschung und Entwicklung, Beschaffung, Logistik, Arbeitsvorbereitung und Programmierung, Produktionsplanung und -steuerung, Instandhaltung, Qualitätssicherung, Auftragsabwicklung, Vertrieb, Rechnungswesen etc. gewinnen im Vergleich zur eigentlichen Produktionsaufgabe immer mehr an Gewicht.

※ Entsprechend weisen die Kosten der indirekten - d.h. der nicht direkt an der Leistungserstellung beteiligten - Bereiche hohe Steigerungen auf.

※ Gleichzeitig sinken die Kosten der direkten Bereiche, z.B. weil die fortschreitenden automatisierten Produktionstechnologien zu einer kontinuierlichen Abnahme der Fertigungslöhne führen.

Zusammenfassend kann man sagen, dass heute die fixen Gemeinkosten ein deutliches Übergewicht in der Kostenstruktur haben. In manchen Unternehmen sind die direkten variablen Kosten bereits eine eher vernachlässigbare Grösse geworden. Die übliche Kostenrechnung kann hier keine relevanten Informationen - z.B. im Hinblick auf Kostensenkungspotentiale - bereitstellen, weil sie primär auf den direkten Bereich der Produktion ausgerichtet ist. Vor diesem Hintergrund haben sich die Anforderungen an die Kostenrechnung wesentlich erweitert und zur Entwicklung des strategischen Kostenmanagement geführt.

Unter strategischem Kostenmanagement versteht man Strategien und Massnahmen sowie Instrumente, um die Kosten vorteilhaft zu gestalten (vgl. Männel, 1992, S. 289).

Im Vordergrund steht also nicht mehr so sehr die richtige Kostenerfassung bzw. Kostenzuordnung, sondern vielmehr die (frühzeitige) Kostenbeeinflussung. Das heisst nicht, dass das strategische Kostenmanagement die übliche Kostenrechnung überflüssig macht. Vielmehr ergänzt es die Kostenrechnung, da die Informationsbedürfnisse im operativen und strategischen Management verschieden sind. Im Gegensatz zu den üblichen Kostenrechnungen bezieht sich das strategische Kostenmanagement nicht nur auf eine Aktivität in der Wertschöpfungskette - nämlich die Produktion -, sondern umfasst alle wertbildenden Aktivitäten in der Wertschöpfungskette (Value Chain). Unter der Wertschöpfungskette versteht man alle Aktivitäten eines Unternehmens, die einen Beitrag dazu leisten, dass nach Abschreibungen, indirekten Steuern und Vorleistungen auch Löhne und Gehälter, Zinsen, Mieten und Pachten bezahlt und Gewinne gemacht werden können (vgl. dazu Abb. 1).

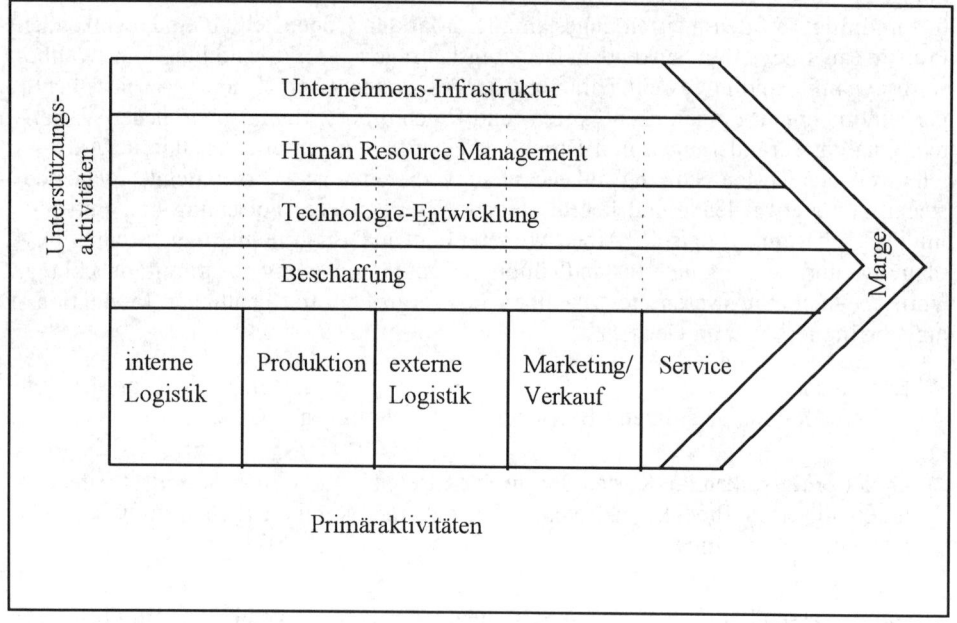

Abb. 1: Wertschöpfungskette

(Quelle: Gabler Wirtschaftslexikon, 1993, Sp. 3765 - 3766)

Da empirische Studien belegen, dass die Herstellkosten von Produkten zu 70 - 80% in der Entwicklungs- und Konstruktionsphase determiniert werden und das strategische Kostenmanagement vor allem auf eine umfassende und frühzeitige Beeinflussung der Kosten zielt, werden über die Aktivitäten der Wertschöpfungskette hinaus auch noch die Aktivitäten in Forschung und Entwicklung einbezogen.

Es gibt mehrere Möglichkeiten zur Beeinflussung von Kosten. Dazu gehören vor allem (vgl. dazu Reiß / Corsten 1992, S. 1480 - 1489):

※ die Beeinflussung des Kostenniveaus im Rahmen eines Kostenniveau-Management,

※ das Aufzeigen des Kostenverlaufs im Rahmen eines Kostenverlauf-Management,

※ die Beeinflussung der Kostenstrukturen im Rahmen eines Kostenstruktur-Management.

1.2 Management zur Beeinflussung der Kosten

1.2.1 Kostenniveau-Management

Ziel des Kostenniveau-Management ist die Reduzierung des allgemeinen Kostenniveaus, d.h. der Höhe der Kosten. Dazu gibt es mehrere Ansatzpunkte. Man kann versuchen, die

* Höhe der Gesamtkosten,

* Höhe der Kosten in einzelnen Organisationseinheiten,

* Höhe der Stückkosten

zu reduzieren.

Geeignete Massnahmen zur Reduktion des Kostenniveaus sind z.B.

* die Reduzierung von Durchlaufzeiten,

* das Ausschöpfen von Automatisierungspotentialen,

* die Vermeidung von Doppelarbeit (vgl. dazu 2.3.6.1 Grundzüge des Lean Management),

* das betriebliche Vorschlagswesen (vgl. dazu 2.3.6.1 Grundzüge des Lean Management),

* Entscheidungen zwischen Eigenfertigung und Fremdbezug unter Kostenaspekten (Outsourcing).

Zu den Instrumenten, die das strategische Kostenmanagement im Hinblick auf eine Senkung des Kostenniveaus bereitstellt, gehören insbesondere

* die Prozesskostenrechnung, die Kostensenkungen in den indirekten Bereichen erzielen will (vgl. dazu 2.2 Prozesskostenrechnung),

* das Target Costing, das explizit die Stückkosten senken will (vgl. dazu 2.3 Target Costing),

* das Product Lifecycle Costing, das die Lebenszykluskosten minimieren will (vgl. dazu 2.4 Product Lifecycle Costing),

* das Cost Benchmarking, das für jeden der Ansatzpunkte zur Reduzierung der Kosten eingesetzt werden kann (vgl. dazu 2.5 Cost Benchmarking).

Ältere Instrumente, die zur Reduktion der Kosten eingesetzt werden können, sind z.B.:

⁂ das Zero-Base-Budgeting (ZBB),

⁂ die Gemeinkosten-Wertanalyse (GWA).

Zero-Base-Budgeting wird zur Planung von Gemeinkosten in den Unternehmen eingesetzt. Grundidee ist dabei, geplante Tätigkeiten mit Hilfe von Kosten-Nutzen-Analysen jeweils „from base zero" aus zu rechtfertigen, d.h. als würde das Unternehmen erst gegründet. (Zum Zero-Base-Budgeting vgl. z.B. Dreyfack / Seibel, 1978).

Ziel der **Gemeinkosten-Wertanalyse** ist es, die Gemeinkosten zu senken, ohne dass der Nutzen verlorengeht - d.h. die Leistungsempfänger im Unternehmen sollen nach wie vor mit den benötigten innerbetrieblichen Leistungen versorgt werden, aber zu geringeren Kosten. Das soll durch den Abbau nicht notwendiger Leistungen und durch rationellere Leistungserstellung erreicht werden. (Zur Gemeinkosten-Wertanalyse vgl. z.B. Huber, 1987).

Zero-Base-Budgeting und Gemeinkosten-Wertanalyse unterscheiden sich in der Art des Vorgehens.

1.2.2 Kostenverlauf-Management

Gestaltungsobjekt dieses Management sind die Kostenverläufe, insbesondere das Kostenverhalten in Abhängigkeit von der Beschäftigung. Dabei lassen sich proportionale, progressive und degressive Kostenverläufe unterscheiden.

Ziel des Kostenverlauf-Management ist es, das Kostenverhalten durch die Realisierung von Degressionseffekten vorteilhaft zu gestalten. Z.B. lassen sich Fixkostendegressionen durch ein wirkungsvolles Kapazitätsauslastungsmanagement dadurch erreichen, dass man

⁂ Leerzeiten minimiert,

⁂ Nutzungsgradprämien vorgibt,

⁂ die Betriebszeiten der Anlagen ausdehnt,

⁂ die Arbeitszeit flexibilisiert.

In engem Zusammenhang mit dem Kostenverhalten stehen die Komplexitätskosten (vgl. dazu Männel, 1992, S. 290). Unter Komplexitätskosten versteht man Mehrkosten, die entstehen, weil Produkt-, Varianten-, Kunden-, Auftrags-, Materialvielfalt usw. zu einer Leistungskomplexität führen.

Zu den Instrumenten, die das strategische Kostenmanagement zur vorteilhaften Gestaltung des Kostenverlaufs bzw. der Komplexitätskosten bereitstellt, gehören insbesondere

❊ das Fixkostenmanagement (vgl. dazu 2.1 Fixkostenmanagement),

❊ die Prozesskostenrechnung (vgl. dazu 2.2 Prozesskostenrechnung).

Weitere Instrumente des Kostenverlauf-Management sind z.B.

❊ kurzfristige Kostenanalysen,

❊ mehrperiodige Kostenvergleiche,

❊ das Erfahrungskurvenkonzept.

1.2.3   Kostenstruktur-Management

Unter einer Kostenstruktur versteht man die Zusammensetzung der Kosten aus unterschiedlichen Kostenblöcken, -kategorien bzw. -arten. Von besonderem Interesse ist die Zusammensetzung nach

❊ fixen und variablen Kosten,

❊ Einzel- und Gemeinkosten.

Häufig werden Einzelkosten und variable Kosten sowie Gemeinkosten und fixe Kosten einfach gleichgesetzt. Das ist nicht ganz richtig, weil der Unterscheidung unterschiedliche Kriterien zu Grunde liegen. Der Unterscheidung in fixe und variable Kosten liegt die Frage zu Grunde, wie sich die Kosten in Abhängigkeit von einer Kosteneinflussgrösse (z.B. der Ausbringungsmenge) verhalten. Dagegen basiert die Differenzierung in Einzel- und Gemeinkosten darauf, ob sich Kosten für einzelne Bezugsobjekte (z.B. einen Kostenträger) oder nur für mehrere Bezugsobjekte gemeinsam erfassen lassen. Grundsätzlich kann man von folgendem Zusammenhang ausgehen:

❊ Einzelkosten sind gleichzeitig variable Kosten.

   Traditionell werden als Beispiel für variable Einzelkosten die Kosten für Material genannt, das in einen Kostenträger eingeht.

❋ Gemeinkosten können sowohl fixe, als auch variable Kosten sein.

Das übliche Beispiel für fixe Gemeinkosten sind Gehälter, ein Beispiel für variable Gemeinkosten sind Werkzeugkosten.

Die Kostenstrukturen werden immer schwerer „beherrschbar", weil die Anteile der fixen Kosten sowie der Gemeinkosten an den Gesamtkosten ständig steigen. So lässt sich z.B. die klassische Vorstellung, Fertigungslöhne seien variabel, schon lange nicht mehr halten, weil Fertigungslöhne auf Grund von Arbeitsverträgen unabhängig von der Ausbringung bezahlt werden müssen. Und auch die Materialkosten als weiteres klassisches variables Kostenelement müssen dem Block fixer Kosten zugerechnet werden, wenn das Unternehmen mit Vorlieferanten relativ starre Lieferverträge mit genau terminierten Abnahmezeitpunkten und -mengen abgeschlossen hat (vgl. Fröhling / Weis, 1992, S. 136). Die Zunahme fixer Kosten muss aber nicht immer negativ sein. So können Fixkosten zugleich Elastizitäts- bzw. Flexibilitätskosten darstellen (vgl. dazu Fröhling / Weis, 1992, S. 137). Das ergibt sich daraus, dass sich Unternehmen mit der Beschaffung von fixkostenintensiven Potentialen in der Regel Flexibilitätsvorteile kaufen. So kann z.B. ein flexibles Fertigungssystem relativ schnell auf die Produktionserfordernisse eines neuen Produkts umgestellt werden. Weitere Gründe für den Anstieg der fixen Kosten sind z.B.

❋ Ersatz von Arbeitskräften durch Maschinen (Tendenz zur Mechanisierung, Maschinisierung und Automatisierung),

❋ Erhöhung der fixen Lohnkosten durch die Sozialgesetzgebung oder die Erhöhung freiwilliger sozialer Leistungen.

Die jüngere Wirtschaftspolitik zeigt allerdings, dass sich der Staat mittlerweile bemüht, die Fixkosten der Unternehmen zu senken bzw. Abbauhemmnisse fixer Kosten zu verringern. Damit soll sichergestellt werden, dass die Unternehmen der Bundesrepublik Deutschland wettbewerbsfähig bleiben. So wird insbesondere versucht, die Lohnnebenkosten zu senken. Zum 1.10.1996 wurde eine 80 prozentige Lohnfortzahlung im Krankheitsfall gesetzlich gestattet, wobei die Unternehmen und Gewerkschaften über die Einführung selbst verhandeln (Tarifautonomie). Oder es wird darüber diskutiert, das Urlaubs- bzw. das Weihnachtsgeld drastisch zu senken. Weitere Massnahmen zur Senkung der fixen Kosten sind z.B.

❋ der Ersatz zeitabhängiger Entgelte durch ergebnisabhängige Entgelte,

❋ das Anordnen unbezahlten Urlaubs bei Auslastungsproblemen.

Auch der Anteil der Gemeinkosten an den Gesamtkosten steigt ständig, insbesondere dadurch, dass die eigentliche Produktionsaufgabe im Vergleich zu den Aktivitäten in

den indirekten Bereichen immer mehr in den Hintergrund gerät. Darüber hinaus tragen
zum Anstieg der Gemeinkosten bei (vgl. Freimuth, 1987, S. 98)

❋ die Erstellung unnötiger Leistungen,

❋ ein zu hoher Perfektionsgrad bei der Leistungserstellung,

❋ Doppelarbeit,

❋ bürokratische Abläufe.

Sowohl fixe Kosten als auch Gemeinkosten haben mehr oder weniger grosse zeitliche
Dimensionen. Diese zeitlichen Dimensionen resultieren z.B. aus Bindungen, die von
den Unternehmen aus rechtlichen, technischen oder organisatorischen Gründen einge-
gangen wurden. So wird z.B. ein Versicherungsvertrag über eine bestimmt Mindest-
laufzeit abgeschlossen, die die zeitliche Dimension der zugehörigen Prämienzahlungen
darstellt. Die zeitlichen Dimensionen spielen bei der Beherrschung dieser Kosten eine
besondere Rolle, weil sie die Abbaubarkeit der Kosten einschränken bzw. nur zu bestimmten Zeitpunkten - den Dispostionszeitpunkten - möglich machen. Die meisten
Kostenrechnungen ignorieren die zeitlichen Dimensionen von Fixkosten und Gemeinkosten. Das erkennt man z.B. daran, dass diese Kosten periodisiert werden, d.h. „mit
der Rücksichtslosigkeit einer Guillotine" (Rieger, 1928, S. 210) zerschnitten und zeit-
anteilig den jeweiligen Perioden zugeordnet werden. Eine Ausnahme davon stellt die
Einzelkosten- und Deckungsbeitragsrechnung nach Riebel dar, in der der Abbildung
der zeitlichen Dimensionen von Kosten und deren Beeinflussungsmöglichkeiten breiter
Raum gewidmet wird (vgl. dazu Riebel, z.B. 1989).

Das strategische Kostenmanagement stellt insbesondere die Instrumente

❋ Fixkostenmanagement (vgl. dazu 2.1 Fixkostenmanagement),

❋ Prozesskostenrechnung (vgl. dazu 2.2 Prozesskostenrechnung),

❋ Product Lifecycle Costing (vgl. dazu 2.4 Product Lifecycle Costing),

❋ Cost Benchmarking (vgl. dazu 2.5. Cost Benchmarking)

bereit, um die Kostenstruktur eines Unternehmens vorteilhaft zu gestalten.

2. Instrumente des strategischen Kostenmanagement

2.1 Fixkostenmanagement

2.1.1 Zielsetzungen

Zielsetzungen des Fixkostenmanagement sind die

※ Erhöhung der Fixkostentransparenz,

※ vorteilhafte Gestaltung des Fixkostenblocks.

Grundlage für ein erfolgreiches Fixkostenmanagement ist eine entsprechend differenzierte Kostenrechnung, die neben den reinen Kosteninformationen weitere Informationen bereitstellt, z.B. über (vgl. dazu z.B. Koch, 1986, S. 54):

※ **Eingegangene Bindungsdauern bei Verträgen**

Unter einer Bindungsdauer versteht man den „Zeitraum, für den ein Unternehmen vertraglich oder gesetzlich fest an bestimmte Ausgaben, Auszahlungen bzw. Kosten, Lieferungen oder Leistungen gegenüber seinen Partnern oder dem Staat gebunden ist oder für den es Anspruch auf bestimmte Erlöse (Einzahlungen) oder Lieferungen oder Leistungen (Überlassung von Nutzungspotentialen) hat. Verlängert sich die vertragliche Bindung, wenn nicht fristgerecht gekündigt wird, automatisch um einen bestimmten Zeitraum, wird dieser Bindungsintervall genannt." (Riebel, 1990, S. 706). Eine bindungsdauerbezogene Differenzierung der Fixkosten könnte z.B. wie folgt aussehen:

Fixkosten	$\leq$	6 Monate abbaufähig
Fixkosten	$\leq$	1 Jahr abbaufähig
Fixkosten	$>$	1 Jahr abbaufähig

▓ **Zeitliche Lage der Bindungsdauern zum Kalenderjahr**

▓ **Kündigungsfristen und Kündigungszeitpunkte**

▓ **Bindungsintervalle, wenn man die Kündigungstermine verstreichen lässt**

▓ **Restbindungsdauern**

Zur Ermittlung der Restbindungsdauer müssen immer der Betrachtungszeitpunkt und der Zeitpunkt gegenübergestellt werden, an dem der Vertrag endet.

▓ **Nutzungsdauern bei Eigentumspotentialen**

2.1.2 Abbauhemmnisse fixer Kosten

Es gibt verschiedene Faktoren, die den Abbau fixer Kosten hemmen können. Dazu gehören (vgl. Corsten, 1985, S. 534 - 535, Süverkrüp, 1968, S. 100ff):

▓ **Rechtliche Faktoren**

Neben Verträgen und den darin festgeschriebenen Bindungsdauern bzw. -intervallen können gesetzliche Regelungen die Abbaubarkeit fixer Kosten hemmen. So kann z.B. die Freisetzung von Arbeitskräften bei rückläufiger Beschäftigung durch gesetzliche Kündigungsschutzbestimmungen verhindert werden, so dass die Personalkosten erst mit erheblicher zeitlicher Verzögerung abgebaut werden können.

▓ **Unternehmenspolitische Faktoren**

Es gibt Kostenarten, deren Abbau unter Beachtung der zeitlichen Fristen zwar grundsätzlich möglich ist, gegen den aber unternehmenspolitische Gründe sprechen. Dazu gehören z.B.

– **Forschungs- und Entwicklungskosten**

Ein Abbau führt mittel- bis langfristig dazu, dass ein Unternehmen technologisch nicht mehr wettbewerbsfähig ist.

– **Instandhaltungskosten**

Ein Abbau kann zu überproportional höheren Reparaturkosten führen, weil die Maschinen nicht ausreichend gewartet werden.

– **Innerbetriebliche Aus- und Weiterbildung**

Ein Abbau wirkt sich negativ auf die Qualifikation der Mitarbeiter aus.

– **Werbung und Öffentlichkeitsarbeit**

Ein Abbau kann den Bekanntheitsgrad am Markt schwächen und damit Umsatzeinbussen auslösen.

❈ **Technisch-organisatorische Faktoren**

Potentiale, z.B. Maschinen, sind nicht beliebig teilbar. Infolgedessen lassen sich die Fixkosten der Potentialfaktoren bei einem Beschäftigungsrückgang nicht proportional reduzieren.

❈ **Psychologisch-gesellschaftliche Faktoren**

Aus sozialem Verantwortungsgefühl kann es zu zeitlichen Verschiebungen erforderlicher Anpassungsmassnahmen kommen. Dies ist vor allem bei erforderlichen Freisetzungen von Arbeitskräften möglich.

2.1.3   Erhöhung der Fixkostentransparenz als Grundlage für Abbauentscheidungen

2.1.3.1   Kostenartenmethode

Ein Beitrag zur Fixkostentransparenz lässt sich durch die Aufstellung eines fixkostenmanagementorientierten Kostenartenplans erreichen (vgl. dazu Oecking, 1995a, S. 255 - 257).

Grundlage eines solchen Plans ist der im Unternehmen genutzte Kostenartenstamm. Der fixkostenmanagementorientierte Plan entsteht, wenn alle relevanten Kostenarten entsprechend ihrer zeitlichen Strukturierung in Unterkostenarten aufgespalten werden (vgl. dazu Abb. 2).

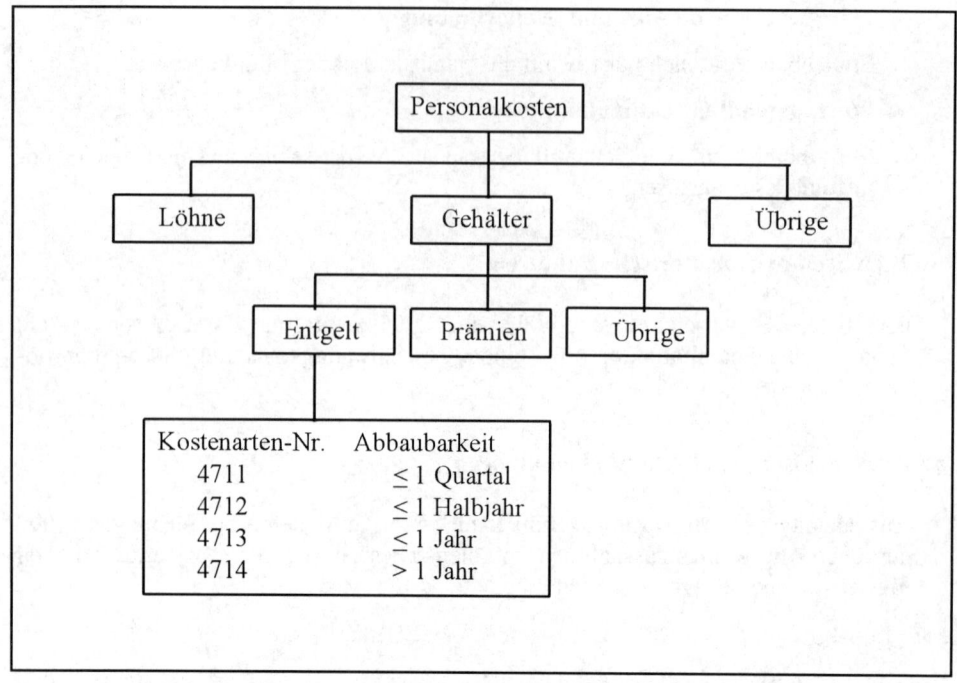

Abb. 2: Struktur eines fixkostenmanagementorientierten Kostenartenplans für Personalkosten

(in enger Anlehnung an: Oecking, 1995a, S. 255)

Durch die Kostenartenmethode werden wichtige Voraussetzungen für die Integration
der Fixkostenmanagement-Informationen in die weiteren Bereiche der Kostenrechnung
geschaffen. So ist es z.B. möglich, in der Kostenstellenrechnung einen erweiterten Betriebsabrechnungsbogen zu erstellen. Dabei ist das oberste Sortierkriterium nicht mehr
die Unternehmenshierarchie, sondern die zeitliche Bindungsfrist der Fixkosten. Dadurch ist eine Verdichtung der abbaufähigen Kostenbestandteile bis auf die Ebene des
Gesamtunternehmens möglich (vgl. Abb. 3).

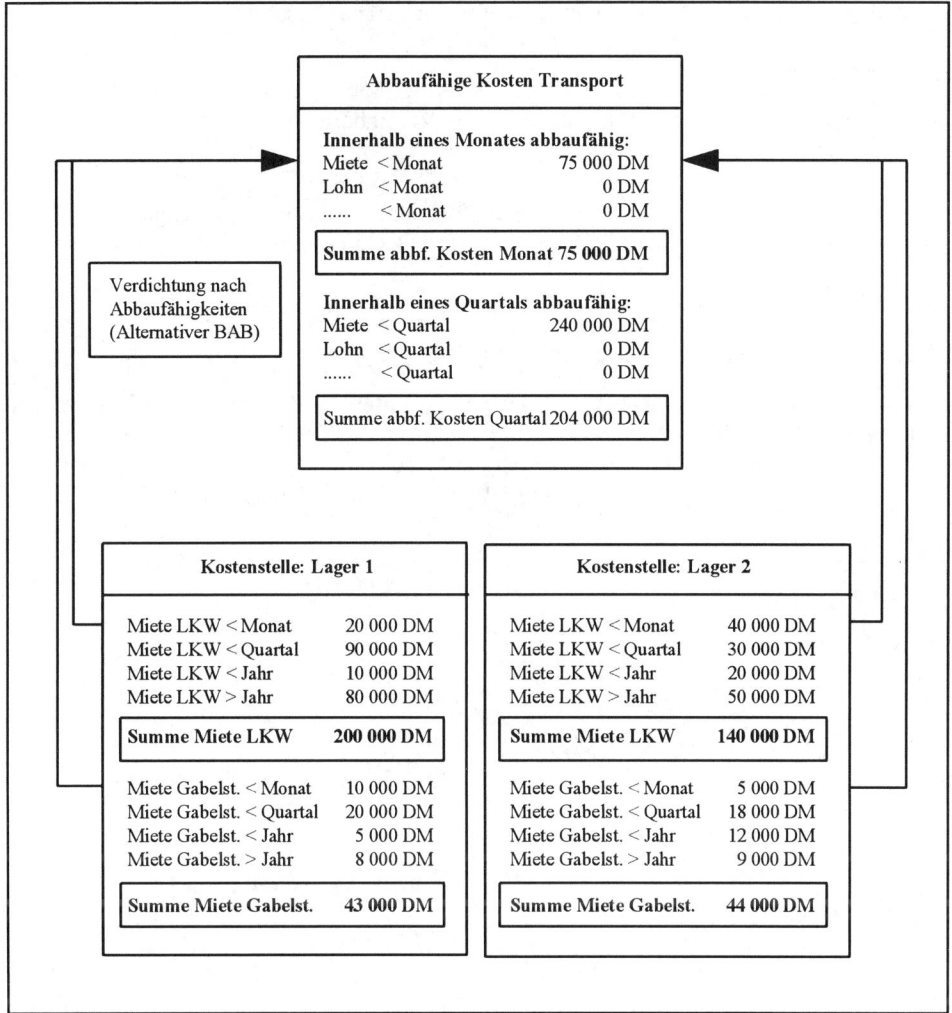

Abb. 3: Fixkostenmanagementorientierter Betriebsabrechnungsbogen

(Quelle: Oecking, 1995a, S. 255)

Die Kostenartenmethode hat einen wesentlichen Nachteil. Er besteht darin, dass die ausschliesslich zeitliche Differenzierung der Fixkosten die Bestimmungsfaktoren der Fixkosten nicht erkennen lässt. Anders ausgedrückt: Man hat keine Informationen, welche Sachverhalte den Fixkosten zu Grunde liegen und infolgedessen auch keine konkreten Anhaltspunkte zum Fixkostenabbau. Aus diesem Grund erscheint es sinnvoll, direkt an den Bestimmungsfaktoren der Fixkosten anzusetzen. Man kann die Bestimmungsfaktoren danach unterscheiden, ob sie

❊ sich im Eigentum des Unternehmens befinden (Eigentumspotentiale),

oder ob

❊ das Unternehmen auf Grund vertraglicher Vereinbarungen Nutzungsrechte erwor-
    ben hat (Vertragspotentiale).

Vertrags- und Eigentumspotentiale lassen sich durch Vertrags- und Eigentumspotentialdatenbanken abbilden (vgl. dazu Reichmann / Oecking, 1994, S. 253 - 261).

2.1.3.2 Vertragspotentialdatenbanken

Die Daten für eine Vertragspotentialdatenbank stammen entweder aus Vorsystemen
(z.B. dem Personalinformationssystem) oder müssen auf der Grundlage einzelner Verträge erhoben werden. Eine Vertragspotentialdatenbank könnte wie folgt aufgebaut sein
(in Anlehnung an Reichmann / Oecking, 1994, S. 255 und Oecking, 1995 b, S. 458):

Feldbezeichnung	Notwendigkeit		Anmerkungen
VERTRAGSTABELLE	**muss**	**kann**	
Vertragsnummer	X		Referenzadresse zu Vorsystemen / Vertragspartner
Vertragspartner (Name)		X	Bezeichnung der Person / Firma
Vertragspartner (Adresse)		X	Strasse / Stadt / Land
Vertragsobjekt		X	Kennzeichnung des Objekts
Vertragsbeginn	X		Datum
Bindungsdauer	X		Zeitraum der Bindung
Verlängerungsintervall	X		Zeitraum der Bindung bei Verstreichen des Kündigungstermins
Kündigungsfrist	X		monatlich, quartalsweise, jährlich etc.
Zahlungsbetrag	X		Höhe
Zahlungscharakter	X		monatlich, quartalsweise etc.
Veränderungsdatum	X		nächstes Analysedatum des Vertrags
Folgekosten	X		geschätzte Folgekosten bei Vertragsbeendigung
Organisationseinheit		X	zugehörige Organisationseinheit des Vertrags

Abb. 4: Feldbeschreibung einer Vertragspotentialdatenbank

Erläuterungen:

❋ Durch die Vertragsnummer wird das Vertragspotential eindeutig gekennzeichnet. Daher erscheinen die Felder „Vertragspartner (Name)" und „Vertragspartner (Adresse)" als Kann-Felder.

❋ Das Feld Vertragsobjekt ist als Kann-Feld gekennzeichnet, weil sich aus der Art der Verträge schon erste Anhaltspunkte hinsichtlich der Abbaubarkeit von Fixkosten ergeben können, aber nicht müssen. So lässt sich z.B. vermuten, dass ein Unternehmen eher auf Beratungsverträge als auf Energieversorgungsverträge verzichten kann. Abb. 5 zeigt die Vertragsarten in einer Übersicht.

Verträge

– Arbeitsverträge
– Beratungsverträge
– Energieversorgungsverträge
– Leasingverträge
– Mietverträge
– Versicherungsverträge
– Sonstige Verträge

Abb. 5: Übersicht über Vertragsarten

(Quelle: Reichmann / Oecking, 1994, S. 257)

❋ Die Felder „Vertragsbeginn", „Bindungsdauer", „Verlängerungsintervall" und „Kündigungsfrist" sind für das Fixkostenmanagement Muss-Felder, weil sie die Grundlage für wichtige Vertragsanalysen darstellen. So kann man z.B. die Verträge nach Kündigungsfristen sortiert auswerten.

❋ Der „Zahlungsbetrag" und der „Zahlungscharakter" sind Muss-Felder, weil das Fixkostenmanagement durch sie Informationen über die Höhe der Fixkosten erhält, die bei Kündigung des jeweiligen Vertrags abbaubar sind. Reichmann / Oecking sehen statt der Felder „Zahlungsbetrag" und „Zahlungscharakter" ein Muss-Feld „Monatlicher Betrag" vor und nehmen in dieses Feld auch alle **nicht monatlichen** Zahlungen auf, indem sie sie anteilig auf die Monate umrechnen (vgl. Reichmann / Oecking, 1994, S. 256). Ein solches Feld ist hier nicht vorgesehen, weil es die Realität nicht wirklichkeitsnah abbildet und daher für ein wirkungsvolles Fixkostenmanagement gefährlich ist. Es kann nämlich der Eindruck entstehen, dass bei entsprechenden Vertragskündigungen in jedem Monat die im Feld ausgewiesenen Fixkosten wegfallen. Das ist aber bei allen nicht monatlichen Zahlungen eine Fehlinformation. Ausserdem wird durch eine solche Darstellung die Chance vertan, die Daten aus der Kostenrechnung gleichzeitig für eine zeitpunktgenaue Liquiditätsplanung zu nutzen. Folglich wird hier vorgeschlagen, die Muss-Felder „Zahlungsbetrag" und „Zahlungscharakter" vorzusehen. Die sich daraus ergebenden Informationen versorgen das Fixkostenmanagment zusammen mit den Muss-Feldern „Vertragsbeginn", „Bindungsdauer" und „Kündigungsfrist" mit wirklichkeitsnahen und für Abbauentscheidungen relevanten Informationen und lassen sich unmittelbar für die Liquiditätsplanung nutzen. Weist ein Vertrag z.B. folgende Merkmale auf:

Vertragsbeginn	1.6.1996
Bindungsdauer	3 Jahre
Verlängerungsintervall	1 Jahr
Kündigungsfrist	6 Wochen auf das Quartal
Zahlungsbetrag	10 000 DM
Zahlungscharakter	quartalsweise, vorschüssig

ergibt die Analyse am 1.3.1997 folgende Informationen für das Fixkostenmanagement:

frühestmögliches Ende des Vertrages		30.6.1999
spätester Kündigungstermin		15.5.1999
irreversibel vordisponierte Fixkosten	9 x 10 000 DM/Quartal =	90 000 DM
abbaubare Fixkosten bei Kündigung zum nächsten Termin	4 x 10 000 DM/Quartal =	40 000 DM / Jahr

※ Das Veränderungsdatum ist ein Muss-Feld, weil es das Datum einer möglichen Veränderung der Kündigungsfrist des Vertrages und damit eine Basisinformation des Fixkostenmanagement angibt. Das Veränderungsdatum ist z.B. bei Arbeitsverträgen interessant, weil sich die Kündigungsfrist von Arbeitnehmern mit zunehmender Betriebszugehörigkeit verlängert. Dementsprechend muss zu einem bestimmten Datum die Kündigungsfrist im Vertrag abgeändert werden.

※ Wenn man die Auswirkungen der Massnahmen zum Fixkostenabbau richtig beurteilen will, müssen auch eventuelle Folgekosten wie Konventionalstrafen in das Kalkül miteinbezogen werden. Daher stellt das Feld „Folgekosten" ein Muss-Feld dar. Allerdings ist die Schätzung der Folgekosten nicht immer einfach.

※ Die Organisationseinheit ist eine interessante Information für das Fixkostenmanagement, weil dadurch z.B. kostenstellenbezogene Analysen der Fixkosten möglich werden. Sie ist aber keine unbedingt erforderliche Information und daher nur als Kann-Feld gekennzeichnet.

Auf der Grundlage des beschriebenen Datenbank sind vielfältige Analysen der Fixkosten nach den verschiedensten Kriterien möglich, z.B.

※ Abfrage aller innerhalb eines Zeitraums kündbaren Verträge,

※ Anteil der kurzfristig kündbaren Verträge an der Gesamtzahl,

※ Abbauanalysen nach Organisationseinheiten.

Das folgende Beispiel zeigt einen Auszug aus einer Vertragsanalyse im Beschaffungsbereich nach Kündigungsfristen:

Kündi-gungs-frist	Betrag	Zahlungs-charakter	Vertrags-Nr.	Vertrags-partner	Organisa-tionseinheit
Monat	2 500 DM	monatlich	P.-Nr. 4711	J. Mall	Einkauf
Monat	5 000 DM	monatlich	P.-Nr. 4712	H. Rück	Labor
Monat	30 000 DM	monatlich	LF 333	Lieferant Müller	Einkauf
Summe Monat	**37 500 DM**				
Quartal	4 000 DM	monatlich	P.-Nr. 4713	B. Sander	Lager
Quartal	16 400 DM	quartalsweise	LG 121	Leasing AG	Lager
Quartal	15 000 DM	monatlich	K.-Nr. 33569	Hypo-Bank	Labor
Summe Quartal	**43 400 DM**				
Summe Monat + Quartal	**80 900 DM**				

Abb. 6: Vertragsanalyse nach Kündigungsfristen

2.1.3.3 Eigentumspotentialdatenbanken

Analog zu den Vertragspotentialdatenbanken kann eine Sammlung von Informationen für die Eigentumspotentiale durchgeführt werden. Eine Eigentumspotentialdatenbank könnte wie folgt aufgebaut sein (in Anlehnung an Oecking, 1994, S. 103):

Feldbezeichnung	Notwendigkeit	
EIGENTUMSDATENTABELLE	muss	kann
Bezeichnung	X	
Potentialkennung	X	
Veräusserungsgeschwindigkeit	X	
Anschaffungswert	X	
Nutzungsdauer	X	
Abschreibung / Jahr	X	
Restbuchwert		X
Resterlös	X	
Zeitwert		X
Organisationseinheit		X

Abb. 7: Feldbeschreibung einer Eigentumspotentialdatenbank

Erläuterungen:

※ Die Potentialkennung entspricht der Vertragsnummer bei der Vertragspotentialdatenbank, d.h. sie übernimmt die Funktion einer eindeutigen Zuordnung.

※ Die Veräusserungsgeschwindigkeit gibt die Zeitspanne an, in der ein Eigentumspotential verkauft oder vermietet werden kann.

※ Bei linearer Abschreibung ergibt sich der Abschreibungsbetrag / Jahr, indem man
die Differenz zwischen Anschaffungswert und Resterlös durch die Nutzungsdauer
dividiert. Da lineare Abschreibungen Fixkosten darstellen, ist der Abschreibungsbetrag eine wichtige Information für das Fixkostenmanagement, weil die Fixkosten in
jedem Jahr der Restnutzungsdauer um diesen Betrag sinken, wenn das Eigentumspotential veräussert wird.

Auch Eigentumspotentialdatenbanken lassen sich nach den verschiedensten Kriterien
auswerten, z.B.

※ nach Veräusserungsgeschwindigkeiten,

※ nach Organisationseinheiten (z.B. Kostenstellen).

2.1.4   Kritische Würdigung

Der Nutzen eines leistungsfähigen Fixkostenmanagement wird dessen Kosten in der
Regel übersteigen. Daher ist der Aufbau eines Fixkostenmanagement grundsätzlich jedem Unternehmen zu empfehlen.

Blickt man in die Vergangenheit, zeigt sich, dass die Überlegungen zum Fixkostenmanagement nicht völlig neu sind. Wegweisende Gedanken dazu finden sich bei Riebel
schon 1970 unter dem Titel „Die Bereitschaftskosten in der entscheidungsorientierten
Unternehmerrechnung" und 1979 unter dem Titel „Zum Konzept einer zweckneutralen
Grundrechnung" (vgl. Riebel, 1970 und 1979). So befasst sich Riebel intensiv mit der
Abbildung der zeitlichen Dimensionen von Bereitschaftskosten, die prinzipiell mit be-
schäftigungsfixen Kosten deckungsgleich sind. Unter Bereitschaftskosten versteht Riebel Kosten, die auf Grund erwartungsbedingter Beschaffungs- und Bereitstellungsent-
scheidungen entstehen und nicht von Art, Menge und Erlös der tatsächlich erbrachten
Leistungen abhängen. Im Zusammenhang mit den Bereitschaftskosten beschreibt er
Potentialfaktoren mit rechtlich festliegender Bindungsdauer und Potentialfaktoren mit
im voraus noch unbestimmter Nutzungsdauer. Er hebt die Dispositionsbeschränkungen
durch Bindungsdauern und Kündigungsfristen hervor und plädiert im Hinblick auf Ab-
bauüberlegungen für einen differenzierten Ausweis der zeitlichen Dimension der Kosten in einer Grundrechnung. Die Grundrechnung ist als zweckneutrale Datenbasis für
eine Vielzahl von Auswertungsrechnungen zu verstehen und umfasst damit auch die
Informationsbausteine, die in den Vertragspotential- und Eigentumspotentialdatenbanken vorgesehen sind. Die Ideen Riebels liessen sich zur damaligen Zeit noch nicht realisieren, weil die EDV nicht leistungsfähig genug war. Heute ist das anders. So verar-
beitet z.B. die SAP AG wesentliche Ansatzpunkte Riebels in ihrer Software.

2.2   Prozesskostenrechnung

2.2.1   Entwicklungsgründe

Die Vertreter der Prozesskostenrechnung sind der Ansicht, dass die herkömmlichen Kostenrechnungssysteme - und hier meinen sie insbesondere die traditionelle Vollkostenrechnung und die flexible Plankostenrechnung auf Teilkostenbasis (Grenzplankostenrechnung) - den Kostenstrukturverschiebungen weder bei der

❋   Kalkulation noch bei der

❋   Kostenplanung und -kontrolle

gerecht werden. Sie argumentieren wie folgt:

Kalkulation

Bei inhomogener Material-, Produkt-, Auftrags- oder Vertriebsstruktur ist offensichtlich, dass die üblichen Gemeinkostenverrechnungen die spezifische Inanspruchnahme der indirekten Bereiche durch die Kostenträger nicht berücksichtigen.

Beispiele:

In der Vollkostenrechnung und häufig auch in der Grenzplankostenrechnung (vgl. dazu z.B. Kilger, 1983, S. 78) fungieren die Materialeinzelkosten als Schlüssel zur Verrechnung der Materialgemeinkosten auf die Kostenträger. Die Materialeinzelkosten stellen aber keinen geeigneten Schlüssel zur Verrechnung der Materialgemeinkosten dar, weil es z.B. für die Kosten einer Materialbestellung (= Materialgemeinkosten) ganz gleich ist, wieviel die bestellten Materialeinheiten kosten - der Bestellaufwand und damit die Kosten der Bestellung sind in jedem Fall gleich, d.h. unabhängig von den Materialeinzelkosten. In der Sprache der Prozesskostenrechnung sagt man: Die Materialeinzelkosten "treiben" die Materialgemeinkosten nicht und meint damit, dass die Materialeinzelkosten die Materialgemeinkosten nicht beeinflussen.

Dasselbe gilt, wenn indirekte Fertigungsgemeinkosten (keine Maschinenkosten!) auf der Basis von Fertigungslöhnen oder über Maschinenstundensätze auf die Kostenträger verrechnet werden (vgl. dazu Horváth / Mayer, 1989, S. 215). Fertigungslöhne oder Maschinenstunden sind keine geeignete Bezugsgrösse z.B. für die Kosten der Arbeitsvorbereitung oder der Produktionssteuerung. Diese hängen vielmehr davon ab, ob

❋   es sich um komplexe oder nicht komplexe Produkte handelt,

※ eine hohe oder niedrige Auflagengrösse gewählt wird,

※ Standardprodukte oder exotische Varianten produziert werden.

Vor diesem Hintergrund lässt sich sehr schön zeigen, dass die üblichen Verrechnungen der indirekten Gemeinkosten zu ungenauen Kosteninformationen und damit zu strategischen Fehlentscheidungen führen (vgl. dazu Horváth / Mayer, 1989, S. 215 - 216): Der Planungs-, Steuerungs- und Koordinationsaufwand ist bei komplexen Produkten mit kleiner Auflagengrösse wesentlich höher als bei einfacheren Grossserienprodukten. Bei entsprechend hohen indirekten Gemeinkosten können Zuschlagssätze zu erheblichen Verzerrungen führen. Im Vergleich zu den komplexen Produkten in kleiner Auflagengrösse weisen auflagenstarke Grossserienprodukte wesentlich höhere Materialeinzelkosten, Fertigungslöhne etc. auf und bekommen daher auch höhere Gemeinkostenanteile zugeschlüsselt. Da sie weniger Planungs-, Steuerungs- und Koordinationsaufwand als die komplexen Produkte kleiner Auflagengrösse aufweisen, werden die auflagenstarken Grossserienprodukte zu teuer und die komplexen Produkte kleiner Auflagengrösse zu billig kalkuliert. Dadurch weisen die Grossserienprodukte zu geringe und die komplexen Produkte zu hohe Deckungsbeiträge auf. Richtet sich ein Unternehmen nach diesen Zahlen, wird das Produktionsprogramm um immer mehr niedervolumige Varianten erweitert. Das führt wiederum zu einem Gewinneinbruch, weil

※ der Gemeinkostenanteil signifikant ansteigt, wenn das Produktionsprogramm ausgeweitet wird und der Anteil niedervolumiger Varianten steigt,

※ bei steigendem Gemeinkostenanteil die Fehler bei der Verrechnung der indirekten Gemeinkosten immer schwerwiegender werden und dadurch ein Teufelskreis entsteht, der die Gewinne immer mehr sinken lässt.

Kostenplanung und Kostenkontrolle

Die Vertreter der Prozesskostenrechnung sind ausserdem der Ansicht, dass weder die Vollkostenrechnung noch die Grenzplankostenrechnung in ausreichendem Masse Kostenplanung und Kostenkontrolle in den indirekten Bereichen betreiben:

※ Die Vollkostenrechnung erreiche ohnehin keine Transparenz in den indirekten Bereichen, weil sie die Kosten nicht ausreichend differenziert.

※ Die Grenzplankostenrechnung erreiche auch keine Transparenz in den indirekten Bereichen, weil der Hauptkostenanteil in den indirekten Bereichen als fix anzusehen sei und damit nicht weiter analysiert werde, sondern en bloc in die Periodenrechnung übernommen werde. Dem kann so nicht uneingeschränkt zugestimmt werden. Vorwiegend fixe Kosten weisen nur bestimmte indirekte Bereiche auf, z.B. die Verwaltung. Dagegen sieht die Grenzplankostenrechnung in den fertigungsnahen indirekten Bereichen differenzierte Bezugsgrössen vor, so dass sich ein mehr oder weniger grosser Teil der Plankosten dieser Bereiche variabel (proportional) verhält. So ist z.B. der Anteil der variablen Kosten im Kostenplan der LKW-Transporte eines Modellbetriebs bei der Bezugsgrösse Kilometer fast doppelt so hoch wie der Anteil der fixen Kosten (vgl. Kilger, 1993, S. 483). Weitere Bezugsgrössen für indirekte Bereiche, die von Kilger als geeignet für die Kostenkontrolle bezeichnet werden, sind u.a.: Anzahl bearbeiteter Angebote, Anzahl Bestellungen, Anzahl geprüfter Rechnungen, Anzahl Zugänge, Anzahl Abgänge, Anzahl bearbeiteter Kundenaufträge, Anzahl Versandaufträge (vgl. Kilger, 1988, S. 338).

2.2.2 Merkmale

❋ **Zielsetzungen der Prozesskostenrechnung**

Die Zielsetzungen leiten sich aus der Kritik an den herkömmlichen Kostenrechnungssystemen ab:

1. Verursachungsgerechtere Verteilung der Gemeinkosten auf die Produkte durch Berücksichtigung der spezifischen Inanspruchnahme der indirekten Bereiche durch die Produkte (= verbesserte Kalkulation).

2. Verbesserung des Gemeinkostencontrolling bzw. der Planung und Kontrolle in den indirekten Bereichen durch Erhöhung der

   – Leistungstransparenz (= Welche Leistungen werden eigentlich erbracht?) und der

   – Kostentransparenz (= Was kostet welche Tätigkeit und welches sind die kostenbeeinflussenden / kostentreibenden Faktoren?)

   in den indirekten Bereichen. Die höhere Transparenz ist die Grundlage für Rationalisierungen bzw. Gemeinkostenreduktion.

❋ **Vorläufer der Prozesskostenrechnung**

Aus der Kritik an den traditionellen Kostenrechnungssystemen lässt sich schon erkennen, daß die **traditionelle Vollkostenrechnung** ein Vorläufer der Prozesskostenrechnung ist. Häufig wird die Prozesskostenrechnung sogar abfällig als ein Rückfall in die traditionelle Vollkostenrechnung getadelt. Das ist nicht unbedingt der Fall, wie der Vergleich der Kalkulationsschemata beider Rechnungen zeigt (vgl. dazu Abb. 8).

traditionelle Vollkostenrechnung	Prozesskostenrechnung
Materialeinzelkosten + Fertigungseinzelkosten + Anteil an allen Gemeinkosten (mit den üblichen Schlüsseln* verteilt)	Materialeinzelkosten + Fertigungseinzelkosten + Gemeinkosten der direkten Bereiche über Bezugsgrössen + nach spezifischer Inanspruch- nahme der indirekten Bereiche geschlüsselte Gemeinkosten
= **Traditionelle Selbstkosten**	= **Prozessorientierte Selbstkosten**

Abb. 8: Kalkulationsschemata der traditionellen Vollkostenrechnung und der Prozesskostenrechnung

* z.B.

Zuschlagssatz für Materialgemeinkosten:

$$\frac{\text{Materialgemeinkosten}}{\text{Materialeinzelkosten}}$$

Zuschlagssatz für Fertigungsgemeinkosten:

$$\frac{\text{Fertigungsgemeinkosten}}{\text{Fertigungseinzelkosten}}$$

Die traditionelle Vollkostenrechnung verrechnet grundsätzlich **alle** Gemeinkosten auf die Kostenträger. Dagegen verrechnet die Prozesskostenrechnung grundsätzlich (neben den Gemeinkosten der direkten Bereiche) nur die Teile der Gemeinkosten auf die Kostenträger, die der spezifischen Inanspruchnahme der indirekten Bereiche durch die Kostenträger entsprechen. Nur insoweit, als darüber hinaus auch noch die Gemeinkosten auf die Kostenträger geschlüsselt werden, für die kein Zusammenhang mit der Inanspruchnahme der indirekten Bereiche durch die Kostenträger hergestellt werden kann (das ist z.B. für die Kosten der Betriebsabrechnung der Fall, die den Betriebsabrechnungsbogen erstellt und die innerbetriebliche Leistungsverrechnung vornimmt), ist die Prozesskostenrechnung eine klassische Vollkostenrechnung.

Der Anstoss zur Verrechnung der Kosten der indirekten Bereiche nach der spezifischen Inanspruchnahme kam zu Beginn der achziger Jahre aus den USA. Zu dieser Zeit war die Entwicklung und der Stand der Kostenrechnung in den USA den deutschen Verhältnissen nicht ganz vergleichbar. Die Vollkostenrechnung dominierte stark, wobei die Verrechnung der Gemeinkosten häufig auf eine überaus vereinfachende Weise erfolgte. Selbst ein Unternehmen wie Hewlett Packard verrechnete bis Mitte der achziger Jahre die gesamten Gemeinkosten im prozentualen Verhältnis zu den Fertigungslöhnen (= Lohnzuschlagskalkulation). Dieses Vorgehen wurde als zu vereinfachend erkannt und nach neuen Konzepten gesucht. Teilkostenrechnungssysteme kamen dabei nicht in Betracht, u.a. weil bei wachsendem Anteil an den fixen Gemeinkosten die Summe der den Einheiten zurechenbaren Kosten immer geringer wird und damit die Kalkulation an Aussagekraft verliert (vgl. Cooper / Kaplan, 1988, S. 21). Statt dessen wurde das **Activity Based Costing** - das ABC - entwickelt. Es ist getragen von dem Grundgedanken, dass die Höhe der Gemeinkosten nur zu einem geringen Teil von Wertgrössen wie Materialgemeinkosten oder Herstellkosten bestimmt wird. Die gemeinkostentreibenden Faktoren - genannt Cost Driver - werden vielmehr in den Aktivitäten der gemeinkostenverursachenden Bereichen gesehen. In ihnen drückt sich die Leistung dieser Bereiche aus und damit sollte die Verrechnung der Gemeinkosten auch über die Aktivitäten der Gemeinkostenbereiche erfolgen. **Wichtig ist, dass sich das ABC grundsätzlich auf alle Gemeinkosten-Bereiche, d.h. die direkten Bereiche (= Fertigungskostenstellen) und die indirekten Bereiche (= „verborgene Fabrik" wie Produktionsplanung und Produktionssteuerung, Qualitätssicherung und Instandhaltung) bezieht.**

Im Gegensatz zu den USA hat im deutschsprachigen Raum die Verrechnung von Gemeinkosten der **direkten Bereiche über eine Vielzahl von Kosteneinflussgrössen** wie Maschinenstunden, Rüststunden und Fertigungsstunden eine längere Tradition. In der Vollkostenrechnung ist sie unter der Bezeichnung Verrechnungssatzkalkulation bekannt und ausserdem ist sie eine Domäne der Grenzplankostenrechnung (= flexible Plankostenrechnung auf Teilkostenbasis). Insofern sah man im deutschsprachigen Raum vor allem Handlungsbedarf bei der Verrechnung der Gemeinkosten der indirekten Bereiche. Basierend auf den Grundgedanken des ABC und unter kräftigem Rückgriff auf Überlegungen der Verrechnungssatzkalkulation bzw. der Grenzplankostenrechnung wurde die **Prozesskostenrechnung** entwickelt.

Dementsprechend kann man neben der traditionellen Vollkostenrechnung und dem amerikanischen ABC auch die Grenzplankostenrechnung als einen Vorgänger der Prozesskostenrechnung ansehen.

Exkurs zur Grenzplankostenrechnung:

Die Grenzplankostenrechnung ist vom Grundsatz her eine Teilkostenrechnung, die auf der Trennung der Kosten in fixe und variable Bestandteile basiert und nur die variablen Kosten auf die Kostenträger verrechnet. **Sie wird aber häufig parallel auch als Vollkostenrechnung durchgeführt.** Traditionell stehen die direkten Gemeinkostenbereiche (= Fertigungsstellen) bei der Kalkulation und der Wirtschaftlichkeitskontrolle im Vordergrund. Zentrale Grösse zur Verrechnung der (variablen) Gemeinkosten auf die Kostenträger sind die Bezugsgrössen (= Kosteneinflussgrössen) wie Maschinenstunden. Die **Wirtschaftlichkeitskontrolle** wird in Form eines Soll-Ist-Vergleichs durchgeführt.

▓ **Verbreitung der Prozesskostenrechnung**

In zahlreichen Unternehmen, ob gross (z.B. IBM, Mercedes Benz, Siemens, BMW, Hewlett Packard, Porsche) oder eher mittelständisch (z.B. Gardena) laufen Pilotprojekte oder man plant die flächendeckende Einführung.

▓ **Aufbau der Prozesskostenrechnung**

Wie fast alle Kostenrechnungssysteme bedient sich auch die Prozesskostenrechnung der Kostenarten-, -stellen- und -trägerrechnung (vgl. Abb. 9).

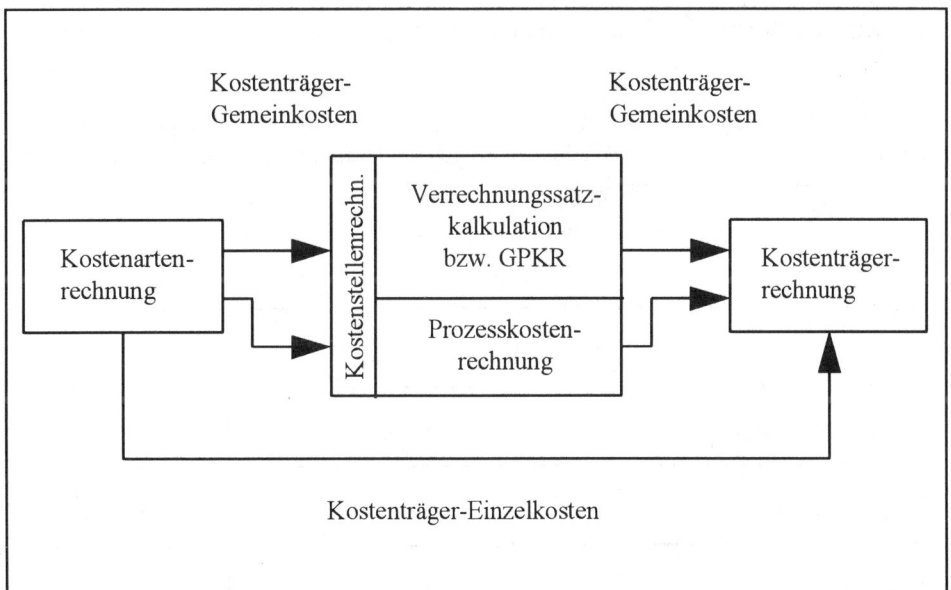

Abb. 9: Aufbau der Prozesskostenrechnung

2.2.3   Prozesskostenstellenrechnung

Die Prozesskostenstellenrechnung vollzieht sich in folgenden Schritten:

1. Tätigkeitsanalyse (zur Identifizierung von Prozessen),

2. Prozessdefinition und Bildung einer Prozesshierarchie,

3. Ermittlung von Kostentreibern / Bezugsgrössen,

4. Ermittlung von Kostentreibermengen,

5. Planung der Prozesskosten,

6. Ermittlung von Prozesskostensätzen.

1. Tätigkeitsanalyse

In den indirekten Bereichen werden die verschiedensten Tätigkeiten durchgeführt. Die Aufnahme dieser Tätigkeiten einschliesslich der Feststellung des Zeitaufwands je Tätigkeit ist die grundlegende Voraussetzung für eine Prozesskostenrechnung. Aus Gründen der Praktikabilität und Wirtschaftlichkeit ist die Prozesskostenrechnung vor allem für repetitive (= sich wiederholende) homogene Tätigkeiten geeignet.

Die in den indirekten Bereichen ablaufenden Tätigkeiten und ihr Zeitbedarf werden anhand von Interviews mit den betreffenden Kostenstellenleitern erhoben und in Form einer Tätigkeitsliste zusammengefasst.

Beispiele:

Tätigkeiten im Einkauf	
Angebote einholen	10 Minuten
Angebote bearbeiten	20 Minuten
Rechnungen prüfen	10 Minuten

Tätigkeiten im Labor	
Analysenummern auf Proben und Aufträge aufbringen	5 Minuten
Prüfungen durchführen	30 Minuten
Prüfungen bewerten	10 Minuten
Fehlerklassifizierungen erstellen	10 Minuten
Beanstandungen erstellen	10 Minuten

Die Tätigkeitsanalyse ist nicht auf eine reine Erhebung von Tätigkeiten und dazugehörigem Zeitaufwand beschränkt. Vielmehr ist schon bei diesem Schritt auf Ineffizienzen in den indirekten Bereichen zu achten, d.h. es muss hinterfragt werden, ob die bisherigen Tätigkeiten dem Umfang und der Qualität nach wirklich erbracht werden müssen. Je genauer die Tätigkeitsanalyse durchgeführt wird, desto exakter sind die Basisdaten der Prozesskostenrechnung.

Probleme:

※ In den indirekten Bereichen ist der Anteil homogener Tätigkeiten häufig eher gering.

※ Es liegen bisher keine empirischen Erkenntnisse über das „optimale" Volumen der zu definierenden Tätigkeiten vor.

※ Wenn der Zeitaufwand der einzelnen Tätigkeiten nicht gemessen, sondern lediglich pauschal durch den Kostenstellenleiter geschätzt wird, können schon auf der Grunddatenebene der Prozesskostenrechnung erhebliche Verzerrungen auftreten.

※ Erfahrungsgemäss stösst die Tätigkeitsanalyse auf psychologische Widerstände bei Belegschaft und Betriebsrat, die die Ergebnisse von Befragungen und Aufzeichnungen der Mitarbeiter hinsichtlich ihrer Zeitverwendung beeinflussen.

2. Prozessdefinition und Bildung einer Prozesshierarchie

Die Tätigkeiten werden zunächst zu Teilprozessen und schliesslich zu kostenstellenübergreifenden Hauptprozessen verdichtet. Dadurch entsteht eine Prozesshierarchie (vgl. Abb. 10).

Beispiel:

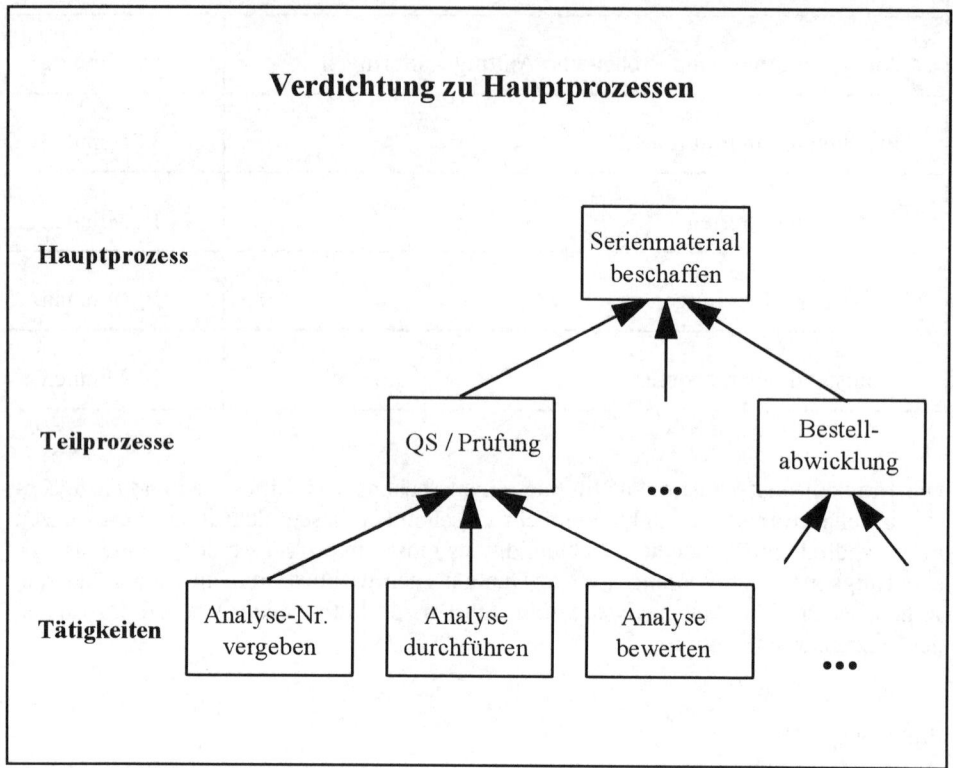

Verdichtung zu Hauptprozessen

Abb. 10: Prozesshierarchie

Probleme:

❈ In der Literatur wird kein methodischer Vorschlag gemacht, wie die Verdichtung der kostenstellenbezogenen Teilprozesse zu kostenstellenübergreifenden Hauptprozessen konkret zu realisieren ist. „Das Finden von Teil- und Hauptprozessen ist im konkreten Projekt eine schwierige Aufgabe und verlangt viel Erfahrung. Der Weg ist nicht so eindeutig wie hier im Beispiel dargestellt. Denn bei der Differenzierung von Teilprozessen muss man schon eine Vorstellung über mögliche Hauptprozesse haben. Andernfalls hat man keine Anhaltspunkte, in welcher Weise das Aufgabenvolumen der Kostenstelle strukturiert und in Teilprozesse aufgeteilt werden soll. Allerdings können bei der Tätigkeitsanalyse neue Anregungen für die Hauptprozesse entstehen. So durchläuft man oft mehrere Schleifen, bei die endgültige Prozessstruktur und Prozesshierarchie feststeht." (Mayer, 1990, S. 310).

❈ Gelingt es nicht in ausreichendem Mass, Teilprozesse zu Hauptprozessen zusammenzufassen, erübrigt sich eine sinnvolle Anwendung der Prozesskostenrechnung.

※ Um eine wirksame Kontrolle des Betriebsgeschehens zu ermöglichen, sind für die Hauptprozesse sogenannte Prozessverantwortliche (Process Owner) zur Betreuung der kostenstellenübergreifenden Aufgabenstellungen zu benennen. Hinweise, wie man dies für die Praxis konkret realisieren kann, sind in der Literatur kaum zu finden.

Unterscheidung von Tätigkeiten und Teilprozessen

Die Teilprozesse in den indirekten Bereichen werden danach unterschieden, ob ihr Arbeitsvolumen von der Leistungsmenge des indirekten Bereichs unabhängig ist (= lmn-Prozesse, d.h. leistungsmengenneutrale Prozesse) oder von der Leistungsmenge des indirekten Bereichs abhängt (= lmi-Prozesse, d.h. leistungsmengeninduzierte Prozesse).

Beispiel:

Wenn sich die Leistungsmenge "Zahl der Analysen" ändert, ändert sich das Arbeitsvolumen des Prozesses "Qualitätssicherung / Prüfung" = lmi-Prozess. Dagegen ändert sich das Arbeitsvolumen des Prozesses "Abteilung leiten" nicht, wenn sich die Zahl der Analysen ändert = lmn-Prozess.

Diese Unterscheidung ist von grundlegender Bedeutung, weil im nächsten Schritt der Prozesskostenstellenrechnung nur für lmi-Prozesse Kostentreiber gesucht werden, die als Grundlage der „verursachungsgerechten" Gemeinkostenverrechnung dienen. (lmn-Kosten werden gegebenenfalls nach Massgabe der lmi-Kosten verrechnet = geschlüsselt).

Probleme:

※ Strenggenommen bleibt unklar, was unter dem angesprochenen Leistungsvolumen zu verstehen ist und wie die betreffende Grösse gemessen werden soll.

※ Da die Suche nach Abhängigkeiten vom Leistungsvolumen mit unterschiedlicher Sorgfalt betrieben werden kann, besteht bei einer ungenauen Differenzierung in lmi- und lmn-Kosten die Gefahr, dass die Aussage der Prozesskostenrechnung aufgrund des schlechten Datenmaterials ungenau wird.

※ In diesem Zusammenhang ist auch die Kritik Fröhlings zu sehen (vgl. dazu 1992, S. 728). Er macht der Einteilung der Tätigkeiten in lmi- und lmn-Kosten den Vorwurf, artifiziell (künstlich) zu sein. Er begründet diese Kritik wie folgt: Gelingt es, für eine bestimmte Tätigkeit entsprechende Massgrössen der Kostenverursachung zu definieren, resultieren daraus automatisch leistungsmengenvariable Prozesskosten. Erscheint dem Controller der Anteil an lmn-Kosten einer bestimmten Kostenstelle zu hoch, können diese über die künstliche Einführung von Massgrössen in lmi-Kosten umdefiniert werden - mit entsprechenden Auswirkungen auf den Aussagegehalt der auf diese Weise beeinflussten Ergebnisse.

3. Ermittlung von Kostentreibern / Bezugsgrössen

In diesem Schritt werden Grundgedanken der Grenzplankostenrechnung - nämlich die Suche nach Kosteneinflussgrössen in den direkten Bereichen - auf die indirekten Bereiche übertragen.

Für jede lmi-Tätigkeit bzw. für die Teil- und Hauptprozesse wird gefragt, welches quantitative Merkmal die Kosten der Tätigkeit bzw. des Prozesses beeinflusst / treibt, daher nennt man das Merkmal auch Kostentreiber.

Beispiele:

Tätigkeiten	Kostentreiber
Angebote einholen	Zahl der Angebote
Prüfungen durchführen	Zahl der Prüfungen
Beanstandungen erstellen	Zahl der Fehler

Teilprozesse	Kostentreiber
Serienmaterial bestellen	Zahl der Bestellungen
QS-Prüfung Rohstoffe	Zahl der Proben
Serienmaterial lagern	m^3 - Lagerraum

Hauptprozesse	Kostentreiber
Serienmaterial beschaffen	Zahl der Beschaffungsvorgänge

Die Kostentreiber sind die zentralen Grössen der Prozesskostenrechnung. An sie sind verschiedene Anforderungen zu stellen. Die wichtigsten Anforderungen sind:

1. Es muss eine (proportionale) Beziehungen zwischen Kostenstellenkosten und Kostentreibern bestehen.

2. Es muss eine nachvollziehbare Beziehung zwischen Kostentreibern und Kostenträgern / Endprodukten bestehen.

Zu 1. Beziehungen zwischen Kostenstellenkosten und Kostentreibern

Die Kostentreiber sind die eigentlichen Bezugsgrössen für die Verrechnung der anfallenden indirekten Gemeinkosten - sie treten an die Stelle der bisher gebräuchlichen Bezugs- bzw. Schlüsselgrössen, z.B. an die Stelle der Materialeinzelkosten oder der Fertigungslöhne in der traditionellen Zuschlagskalkulation.

Wenn keine Beziehung zwischen den Kostenstellenkosten und den Kostentreibern besteht, ist eine Verrechnung der Kostenstellenkosten über die Kostentreiber nicht sinnvoll.

Beispiel:

Wenn die Kosten für den Prozess "Bestellungen abwickeln" nicht steigen, wenn die Zahl der Bestellungen steigt, ist es nicht sinnvoll, einem Auftrag, der eine zusätzliche Bestellung auslöst, für die zusätzliche Bestellung anteilig Kosten des Prozesses "Bestellungen abwickeln" anzulasten, denn die durch den Auftrag zusätzlich ausgelöste Bestellung hat in Wahrheit keine zusätzlichen Kosten ausgelöst.

Man kann noch genauer argumentieren. Es muss nicht nur eine Beziehung zwischen Kostenstellenkosten und Kostentreibern bestehen, sondern die Beziehung muss auch proportional sein. Das ergibt sich daraus, dass am Ende der Kostenstellenrechnung Prozesskostensätze z.B.

> DM / Angebot einholen

ermittelt werden, d.h. für jedes Angebot einholen **immer dieselben Kosten** verrechnet werden. Dieses Vorgehen ist nur sinnvoll, wenn die Kostenstellenkosten immer um denselben Betrag steigen, wenn z.B. ein Angebot mehr eingeholt wird (= proportionale Beziehung zwischen Kosten und Kostentreibern).

zu 2. Beziehungen zwischen Kostentreibern und Kostenträgern / Endprodukten

Nur wenn es gelingt, Kostentreiber zu finden, die nicht nur in Beziehung zu den Kostenstellenkosten stehen, sondern auch noch in eine nachvollziehbare Beziehung zu den Kostenträgern (i.d.R. die Endprodukte) gebracht werden können, ist eine Verrechnung der Gemeinkosten nach Massgabe der spezifischen Inanspruchnahme der indirekten Bereiche durch die Kostenträger möglich.

Beispiel:

Bei der "Zahl der Fertigungsstufen" als Kostentreiber für den Prozess "Fertigungsauftragssteuerung" besteht eine direkte Beziehung zu den Endprodukten, weil sie in ein oder mehreren Fertigungsstufen hergestellt werden.

Die Kosten solcher Tätigkeiten bzw. Prozesse, für die wegen ihrer Produktferne keine Treiber gefunden werden können, die in einen plausiblen Zusammenhang mit der spezifischen Inanspruchnahme der indirekten Bereiche durch die Kostenträger gebracht werden können, können entweder gar nicht auf die Kostenträger verrechnet werden, oder nur mit Hilfe der herkömmlichen Bezugs- bzw. Schlüsselgrössen wie z.B. den Herstellkosten der Kostenträger.

Beispiel:

Kostentreiber für den Prozess "Betriebsabrechnungsbogen erstellen" sind die "Zahl der Kostenstellen" und die "Zahl der Kostenarten". Der Prozess ist völlig produktfern - er wird von den Kostenträgern nicht erkennbar in Anspruch genommen und die Treiber können in keine Beziehung zu den Endprodukten gebracht werden. Folglich ist auch keine Verrechnung dieser Prozesskosten nach Massgabe der Inanspruchnahme der indirekten Bereiche durch die Kostenträger möglich.

Man fasst die beiden Anforderungen an die Kostentreiber auch unter dem Stichwort **„doppelte Funktionalität"** zusammen. Der Ausdruck kommt aus der Grenzplankostenrechnung und besagt, dass die Bezugsgrössen ihrer Höhe nach sowohl zu den variablen Stellenkosten als auch zur Ausbringungsmenge an Kostenträgern proportional sind. Nur unter diesen Voraussetzungen ist eine Bezugsgrösse nicht nur ein geeigneter Indikator für die Kostenstellenkontrolle sondern auch zugleich verursachungsgerechter Verrechnungsmassstab für die Kalkulation (vgl. z.B. Glaser, 1992, S. 287). Kritiker der Prozesskostenrechnung sehen diese doppelte Funktionalität in den indirekten Leistungsbereichen selten gegeben. Diese Ansicht vertritt auch Kilger: Da die indirekten Bereiche „in der Regel nicht unmittelbar erzeugnisbezogen tätig werden, sind ihre Bezugsgrössen zwar zur Leistungsmessung und daher für die Durchführung des Soll-Ist-Kostenvergleichs geeignet, nicht aber für die unmittelbare kalkulatorische Weiterverrechnung auf die betrieblichen Erzeugnisse." (Kilger, 1993, S. 327).

Zur Bildung von Hauptprozessen und Kostentreibern:

In der Literatur wird empfohlen, nur solche Teilprozesse zu einem Hauptprozess zusammenzufassen, die identische Kostentreiber aufweisen (vgl. z.B. Glaser, 1992, S. 278). Ansonsten führt z.B. die sich an die Kostenstellenrechnung anschliessende Kalkulation über Hauptprozesse (vgl. dazu Fallstudie I, S. 49 ff.) zu falschen Ergebnissen, weil Kosten auf der Basis einer Kosteneinflussgrösse verrechnet werden, der sie nicht unterliegen. Mayer (1990, S. 309 f.) verdichtet z.B. die Teilprozesse

❋ Kaufteile disponieren,

❋ Fertigungsaufträge steuern,

❋ Materialbereitstellung,

❋ Qualitätsüberwachung,

die alle den Kostentreiber „Anzahl der Fertigungsaufträge" haben, zum Hauptprozess „Fertigungsaufträge abwickeln", der entsprechend den Kostentreiber „Anzahl der Fertigungsaufträge" aufweist.

Ein Problem ergibt sich, wenn ein Teil- oder Hauptprozess mehr als einer Kosteneinflussgrösse unterliegt.

Beispiel:

Die Kosten des Hauptprozesses „Fertigungsauftragskommissionierung" hängen z.B. ab von

❋ der Zahl zu kommissionierender Stücklistenpositionen und

❋ der Stückzahl, die je Position entnommen wird.

In solchen Fällen schlagen Horvath / Mayer (1993, S. 18) vor, den Prozessen nur den Hauptkosteneinflussfaktor zuzuordnen. Im Beispiel wäre das die Zahl der Stücklistenpositionen, weil Untersuchungen ergeben haben, dass nur ca. 20% des Kommissionierungsaufwands durch die Stückzahl, aber 80% durch die Zahl der Stücklistenpositionen verursacht wird. Dieses Vorgehen lehnt sich an die Grenzplankostenrechnung an, in der Kilger für die Bezugsgrössendifferenzierung zum selben Problem wie folgt Stellung genommen hat: „Durch eine entsprechend grosse Anzahl von Bezugsgrössen ist es theoretisch zwar in allen Fällen möglich, sämtliche relevanten Kosteneinflüsse richtig zu erfassen, die Plankostenrechnung ist aber nicht nur ein kostentheoretisches System, sondern ein Verfahren der Kostenrechnung, das in der Praxis funktionieren muss." (Kilger, 1993, S. 313)

4. Ermittlung von Kostentreibermengen

Um Verzerrungen durch kurzfristige Ereignisse zu vermeiden wird meist empfohlen, bei der Planung der Kostentreibermengen (= Prozessmengen) einen Zeitraum von einem Jahr und mehr zugrundezulegen.

Das Schrifttum der Prozesskostenrechnung enthält keine eigenen Empfehlungen zur Bestimmung der Kostentreibermengen, sondern verweist auf bekannte Quellen oder Verfahren, die zur Ermittlung der benötigten Informationen beitragen können. Horváth / Mayer (1989, S. 217) z.B. schlagen vor, bei der Ermittlung der Kostentreibermengen auf ein Verfahren zurückzugreifen, das auch in der Grenzplankostenrechnung zur Planung der Bezugsgrössenmengen herangezogen wird. Es handelt sich um die Engpassplanung (zur Engpassplanung vgl. Kilger, 1993, S. 337 - 341). Bei Anwendung dieses Verfahrens werden die Kostentreibermengen auf der Grundlage des erwarteten relevanten Engpasses der Planperiode festgelegt. In der Regel wird der Absatz der relevante Engpass sein, an dem sich dann auch die Prozessmengen der indirekten Bereiche orientieren müssen.

Bei der Planung der Kostentreibermengen wird als wesentlicher Vorteil der Prozesskostenrechnung die Verdichtung von Tätigkeiten und Teilprozessen zu kostenstellenübergreifenden Hauptprozessen genannt. Erst die Kenntnis der Hauptprozesse würde eine vernünftige Planung in den Kostenstellen möglich machen. Eine detaillierte, aufeinander abgestimmte Kostenstellenplanung wäre nicht möglich, wenn unzählige Tätigkeiten bzw. Teilprozesse unabhängig voneinander geplant werden. Sie würde aber möglich, wenn man bei der Planung mit den wenigen kostenstellenübergreifenden Hauptprozessen beginnt, deren Mengenvolumina plant und davon ausgehend - entlang der Prozesshierarchie - die notwendigen Teilprozesse und Tätigkeiten sowie die dadurch erforderlichen Kapazitäten sowie deren Kosten in den einzelnen Kostenstellen ableitet. Das klingt überzeugend, kann aber praktisch ein Problem sein. Es muss nämlich eine plausible Produkt / Prozessmengenstruktur - ähnlich einer Stückliste - definiert bzw. hinterlegt werden.

Beispiel:

Ausgehend vom geplanten Produktionsprogramm muss man festlegen

※ wie oft welche Hauptprozesse erforderlich sind,

※ welche Teilprozessmengen bzw. Tätigkeitsmengen durchschnittlich zur einmaligen Durchführung eines Hauptprozesses erforderlich sind.

Auf dieser Mengenstruktur aufbauend, lassen sich die erforderlichen Teilprozessmengen / Tätigkeitsmengen in den Kostenstellen ableiten. In der Literatur finden sich keine Beispiele für den Aufbau solcher Produkt / Prozessmengenstrukturen.

5. Planung der Prozesskosten

Wenn feststeht, wie oft die einzelnen kostenstellenübergreifenden Hauptprozesse und die Teilprozesse sowie Tätigkeiten in den Kostenstellen in der geplanten Periode durchgeführt werden, werden die Kosten der Tätigkeiten bzw. der Teilprozesse in den indirekten Kostenstellen geplant. Hierbei handelt es sich in erster Linie um Personalkosten, in zweiter Linie um Raum-, Strom- und Büromaterialkosten. Für die Kostenplanung stehen zwei Alternativen zur Verfügung:

1. Analytische Planung der Prozesskosten

Bei der analytischen Kostenplanung gilt der Grundsatz, nicht von den Istkosten der Vergangenheit auszugehen. Vielmehr werden auf der Basis der Planprozessmengen alle Kostenarten mit Hilfe technisch-kostenwirtschaftlicher Analysen originär geplant. Die analytische Kostenplanung ist sehr aufwendig. In der Praxis wird daher - wenn überhaupt - meist eine vereinfachte analytische Kostenplanung durchgeführt, nämlich: Analytische Planung der Personalkosten und proportionale Umlage der übrigen Kosten der indirekten Bereiche.

2. Retrograde Bestimmung der Prozesskosten, ausgehend von Kostenstellenbudgets auf der Grundlage von Zuordnungsschlüsseln wie „Mannjahre"

Die retrograde Ermittlung der Planprozesskosten ist weniger aufwendig und wird daher in der Praxis häufig bevorzugt. Bei der retrograden Ermittlung werden die Kostenstellenbudgets auf die einzelnen Prozesse entsprechend der Mannjahre aufgeteilt, die zur Prozessverrichtung vorgesehen sind. Die für jeden Prozess benötigten Mannjahre sind dabei vorrangig auf der Grundlage von Interviews mit den Kostenstellenleitern festzulegen.

Beispiel:

Die Kostenstelle „Einkauf" hat ein Jahresbudget von 600 000 DM. Das Interview mit dem Kostenstellenleiter hat folgende Zuordnung von Mannjahren auf die Teilprozesse der Kostenstelle ergeben:

Teilprozesse	Kostentreiber	Kostentrei- bermengen	Mannjah- re
Rahmenverträge abschliessen	Rahmenverträge	70	0,7
Abrufe über Rahmenverträge	Abrufe	1 500	0,9
Bestellungen Serienmaterial	Einzelbestellungen	2 000	1,8
Bestellungen Gemeinkostenmaterial	Bestellungen	1 000	0,9
Lieferantenkontakte halten	Lieferanten	100	0,7
Abteilung leiten			1,0
Summe Mannjahre			**6,0**

Die Zuordnung des Kostenstellenbudgets über die Mannjahre ergibt dann folgende Prozesskosten:

600 000 DM : 6,0 Mannjahre = 100 000 DM / Mannjahr

Teilprozesse	Kosten-treiber	Kostentrei-bermengen	Mann-jahre	lmi-Prozess-kosten	lmn-Prozess-kosten
Rahmenver-träge ab-schliessen	Rahmen-verträge	70	0,7	70 000 DM	
Abrufe über Rahmenver-träge	Abrufe	1 500	0,9	90 000 DM	
Bestellungen Serienma-terial	Einzelbe-stellungen	2 000	1,8	180 000 DM	
Bestellungen Gemeinko-stenmaterial	Bestellun-gen	1 000	0,9	90 000 DM	
Kontakte mit Lieferanten halten	Lieferanten	100	0,7	70 000 DM	
Abteilung leiten			1,0		100 000 DM
Summe			**6,0**	**500 000 DM**	**100 000 DM**

Die Kenntnis der kostenstellenbezogenen Teilprozesse sowie der kostenstellenübergreifenden Hauptprozesse und ihrer Kosten schafft eine bisher nicht vorhandene Kostentransparenz in den indirekten Bereichen. Die Teilprozesse und die Hauptprozesse zeigen Ansatzpunkte für Kosteneinsparungen im indirekten Bereich auf. Massnahmen zur Kosteneinsparung können sich darauf richten, die Prozesse kostengünstiger zu gestalten (z.B. durch EDV-Einsatz, Ablaufstrukturen verbessern) oder mengenmässig zu verringern (z.B. Zahl der Produktvarianten reduzieren).

6. Ermittlung von Prozesskostensätzen

Analog den Zuschlags- bzw. Verrechnungssätzen in der Vollkostenrechnung und den Kalkulationssätzen der Grenzplankostenrechnung werden auch in der Prozesskostenrechnung am Ende der Kostenstellenrechnung Sätze - die Prozesskostensätze - ermittelt, die zur Kalkulation benötigt werden, d.h. die die Verrechnung der Kosten der indirekten Bereiche auf die Kostenträger ermöglichen. Die Ermittlung von Prozesskostensätzen dient also der Anbindung der Prozesskostenstellenrechnung an die prozessorientierte Kalkulation.

Entsprechend der Differenzierung von Tätigkeiten bzw. Prozessen in lmi- und lmn-Prozesse werden in der Prozesskostenrechnung auch zwei Prozesskostensätze gebildet, nämlich der

❈ **lmi-Prozesskostensatz** und der

❈ **Umlagesatz (lmn-Prozesskostensatz)**.

die zusammen den

❈ **Gesamtprozesskostensatz**

ergeben.

lmi-Prozesskostensatz

Ein lmi-Prozesskostensatz ergibt sich durch Division der geplanten Kosten einer lmi-Tätigkeit bzw. des lmi-Prozesses durch die Menge ihrer bzw. seines Kostentreibers. Der lmi-Prozesskostensatz gibt an, wieviel die einmalige Durchführung bzw. Inanspruchnahme der entsprechenden lmi-Tätigkeit kostet bzw. wieviel die einmalige Durchführung bzw. Inanspruchnahme des entsprechenden lmi-Prozesses kostet.

Beispiel: Rahmenverträge abschliessen

---

70 000 DM : 70 Rahmenverträge = 1 000 DM / Rahmenvertrag

Würde man nur die Kosten der lmi-Prozesse kalkulieren, würden die Kosten der lmn-Prozesse bei der Kalkulation vernachlässigt, d.h. es würden nicht alle Kosten auf die Kostenträger verrechnet werden. Soll die Prozesskostenrechnung eine Vollkostenrechnung in dem Sinne sein, dass alle Kosten auf die Kostenträger verrechnet werden, müssen auch noch die lmn-Kosten umgelegt werden. Das geschieht, indem man für die lmn-Kosten sogenannte Umlagesätze (lmn-Prozesskostensätze) bildet.

Umlagesatz (lmn-Prozesskostensatz):

Die lmn-Kosten werden im Verhältnis der lmi-Prozesskosten verteilt.

Summe lmn-Prozesskosten : Summe lmi-Prozesskosten x 100 = Zuschlagssatz in %

Umlagesatz (DM) = lmi-Kostensatz x Zuschlagssatz (%)

Gesamtprozesskostensatz:

Der Gesamtprozesskostensatz eines Prozesses ergibt sich aus der Addition des lmi-Prozesskostensatzes und des Umlagesatzes.

Zusammenfassende Übersicht über die Prozesskostenstellenrechnung

Teilprozesse		Kosten-treiber	Treiber-mengen	Prozess-kosten (DM)	lmi-Satz (DM)	lmn-Satz (DM)	Gesamt-kostensatz (DM)
Rahmenver-träge ab-schliessen	lmi	Rahmen-verträge	70	70 000	1 000	200	1 200
Abrufe über Rahmenver-träge	lmi	Abrufe	1 500	90 000	60	12	72
Bestellungen Serienma-terial	lmi	Einzelbe-stellungen	2 000	180 000	90	18	108
Bestellungen Gemeinko-stenmaterial	lmi	Bestellun-gen	1 000	90 000	90	18	108
Kontakte mit Lieferanten halten	lmi	Lieferanten	100	70 000	700	140	840
Abteilung leiten	lmn			100 000			
Summe				**600 000**			

Zur Ermittlung der Umlagesätze - Beispiel: "Rahmenverträge abschliessen":

100 000 DM lmn-Kosten : 500 000 DM lmi-Kosten = 20 %

1 000 DM lmi-Kostensatz x 20 % = 200 DM Umlagesatz

2.2.4 Prozessorientierte Kalkulation

Eine Zielsetzung der Prozesskostenrechnung besteht darin, eine verursachungsgerechtere Kalkulation dadurch zu erreichen, dass bei der Kalkulation die spezifische Inanspruchnahme der indirekten Bereiche durch die Kalkulationsobjekte (Kostenträger) berücksichtigt wird.

Dementsprechend ist die entscheidende Frage bei der Kalkulation:

Welche (Haupt-) Prozesse nimmt ein Kalkulationsobjekt

(Kostenträger) in Anspruch?

Bei der Beantwortung dieser Frage kann ein Problem auftauchen. Ein direkter Zusammenhang in dem Sinn, dass für jedes Kalkulationsobjekt die Anzahl der erforderlichen Prozesse bekannt ist, besteht meist nur bei Fertigungsprozessen, die in Arbeitsplänen definiert werden können. Fallstudie I zeigt beispielhaft eine Kalkulation, wenn ein direkter Zusammenhang zwischen Kalkulationsobjekt und Prozessen besteht. Für die Fälle, in denen kein direkter Kalkulationsobjekt / Prozess - Zusammenhang besteht, haben Horváth / Mayer (1989, S. 218 - 219) folgende Lösung entwickelt. Sie gehen davon aus, dass Stückzahlen und Variantenzahlen die Haupteinflussgrössen für das Entstehen indirekter Kosten sind. Darauf aufbauend schätzen sie für jeden Prozess den prozentualen Anteil der Planprozessmenge, der stückzahlabhängig bzw. variantenzahlabhängig entsteht. Auf dieser Grundlage lassen sich die stückzahlabhängigen und variantenzahlabhängigen Prozesskosten kalkulieren. Fallstudie II veranschaulicht eine solche Kalkulation beispielhaft. Ausserdem zeigt Fallstudie II die Unterschiede zwischen einer prozessorientierten Kalkulation und einer Kalkulation nach der traditionellen Zuschlagskalkulation auf.

Fallstudie I: Prozessorientierte Kalkulation (direkter Produkt / Prozesszusammenhang)

(in enger Anlehnung an Horváth / Mayer, 1993, S. 25 - 26)

In einem Unternehmen hat die Verdichtung kostenstellenbezogener Teilprozesse zu kostenstellenübergreifenden Hauptprozessen u.a. folgendes Ergebnis gebracht:

Nr.	Haupt-prozesse	Kosten-treiber	Kosten-treiber-Menge	lmi-Kosten (DM)	Gesamt-Kosten (DM)	lmi-Ko-stensatz (DM)	Gesamt-kostensatz (DM)
1	Beschaffung Serienma-terial über Rahmenver-träge	Zahl der Bestellun-gen	5 000	650 000	750 000	130	150
2	Lagerver-waltung	Zahl der Stücklisten positionen	40 000	340 000	400 000	8,50	10
3	Fertigungs-bzw. Monta-geauftrags-steuerung	Zahl der Fertigungs-stufen	30 000	540 000	600 000	18	20

Endprodukt:

Das Unternehmen montiert u.a. das Endprodukt x in der Montagelosgrösse 5 in 3 Fertigungsstufen. Für 1 x werden benötigt:

※ 1 fremdbezogene Komponente,

※ 10 fremdbezogene Einzelteile,

※ 1 eigengefertigte Komponente.

Die insgesamt 12 Teile werden montagelosbezogen aus dem Lager kommissioniert. Die Montageeinzelkosten betragen 40 DM/Stück x.

Zur fremdbezogenen Komponente

Die fremdbezogene Komponente ist Serienmaterial, das über Rahmenverträge in Losgrösse 10 zum Stückpreis von 90 DM beschafft und eingelagert wird.

Zu den Fremdbezugsteilen

Die 10 unterschiedlichen Fremdbezugsteile sind ebenfalls Serienmaterial, das über Rahmenverträge in der Durchschnittslosgrösse von 1 000 (Mehrfachverwendungsteile) zum durchschnittlichen Stückpreis von 1 DM beschafft und eingelagert wird.

Zur eigengefertigten Komponente

Die eigengefertigte Komponente wird in 10 Fertigungsstufen in der Losgrösse 20 hergestellt. Für jede eigengefertigte Komponente sind 20 unterschiedliche Fremdbezugsteile notwendig, die losbezogen aus dem Lager kommissioniert werden. Die Fremdbezugsteile für die eigengefertigte Komponente sind Serienmaterial, das über Rahmenverträge in der Durchschnittslosgrösse 100 zu einem durchschnittlichen Stückpreis von 4 DM beschafft und eingelagert wird. Die Fertigungseinzelkosten für die eigengefertigte Komponente betragen 50 DM / Komponente.

Die Kalkulation für ein Stück des Endprodukts x vollzieht sich in mehreren Schritten:

1. Bestimmung der Materialeinzelkosten für 1 x

2. Bestimmung der Fertigungseinzelkosten für 1 x

3. Bestimmung der Prozesskosten für 1 x

   a. Beschaffungsprozesskosten (HP 1)

      Es sind verschiedene Beschaffungen nötig, nämlich

      – Beschaffung der fremdbezogenen Komponente,

      – Beschaffung der Fremdbezugsteile,

      – Beschaffung von Fremdbezugsteilen für die eigengefertigte Komponente.

   b. Lagerprozesskosten (HP 2)

      Es sind verschiedene Ein- und Auslagerungsvorgänge nötig, nämlich

      – Einlagerung der fremdbezogenen Komponente,

      – Einlagerung der Fremdbezugsteile,

      – Einlagerung der Fremdbezugsteile für die eigengefertigte Komponente,

      – Kommissionierung für die eigengefertigte Komponente,

– Einlagerung der eigengefertigten Komponente,

– Kommissionierung für das Endprodukt x.

c. Fertigungs- bzw. Montageauftragssteuerungskosten (HP 3)

Es sind verschiedene Fertigungs- bzw. Montagevorgänge zu steuern, nämlich

– Fertigung der eigengefertigte Komponente,

– Montage des Endprodukts.

Die Kalkulation selbst sieht dann wie folgt aus:

1. Bestimmung der Materialeinzelkosten für 1 x

- für 1 fremdbezogene Komponente	1 x 90 DM / Stück =	90 DM
- für 10 Fremdbezugsteile	10 x 1 DM / Stück =	10 DM
- für 20 Fremdbezugsteile	20 x 4 DM / Stück =	80 DM
		180 DM / x

2. Bestimmung der Fertigungs- bzw. Montageeinzelkosten für 1 x

- für die Montage der 12 Teile	40 DM
- für die eigengefertigte Komponente	50 DM
	90 DM / x

3. Bestimmung der Prozesskosten

a. Beschaffungsprozesskosten (HP 1)

Beschaffung der fremdbezogenen Komponente

- Prozesskosten für einen Beschaffungsvorgang		150 DM
- Losgrösse		10 Komp.
- Beschaffungsprozess-kosten / Komponente	150 DM : 10 Komp. =	15 DM / Komp.
- Bedarf für 1 x	= 1 Komp. → 1 x 15 DM =	**15 DM / x**

Beschaffung der 10 Fremdbezugsteile

- Prozesskosten für einen Beschaffungsvorgang		150 DM
- Losgrösse		1 000 Teile
- Beschaffungsprozess-kosten / Teil	150 DM : 1 000 Teile =	0,15 DM / Teil
- Bedarf für 1 x	= 10 Teile → 10 x 0,15 DM =	**1,50 DM / x**

Beschaffung der 20 Fremdteile für die eigengefertigte Komponente

- Prozesskosten für einen Beschaffungsvorgang		150 DM
- Losgrösse		100 Teile
- Beschaffungsprozess-kosten / Teil	150 DM : 100 Teile =	1,50 DM / Teil
- Bedarf für 1 x	= 20 Teile → 20 x 1,50 DM =	**30 DM / x**

b. Lagerprozesskosten (HP 2)

Einlagerung der fremdbezogenen Komponente

- Prozesskosten für eine Stücklistenposition		10 DM
- Losgrösse		10 Komp.
- Einlagerungsprozesskosten / Komponente	10 DM : 10 Komponenten =	1 DM / Komp.
- Bedarf für 1 x	= 1 Komp. → 1 x 1 DM =	**1 DM / x**

Einlagerung der 10 Fremdbezugsteile

- Prozesskosten für eine Stücklistenposition		10 DM
- Losgrösse (je Teil)		1 000 Teile
- Einlagerungsprozesskosten / Teil	10 DM : 1 000 Teile =	0,01 DM / Teil
- Bedarf für 1 x	= 10 Teile → 10 x 0,01 DM =	**0,10 DM / x**

Einlagerung der 20 Fremdbezugsteile für die eigengefertigte Komponente

- Prozesskosten für eine Stücklistenposition		10 DM
- Losgrösse (je Teil)		100 Teile
- Einlagerungsprozesskosten / Teil	10 DM : 100 Teile =	0,10 DM / Teil
- Bedarf für 1 x	= 20 Teile → 20 x 0,10 DM =	**2 DM / x**

Kommissionierung für die eigengefertigte Komponente

- Prozesskosten für eine Stücklistenposition		10 DM
- zu kommissionierende Stücklistenpositionen		20 Positionen
- Prozesskosten für 20 Positionen	20 x 10 DM =	200 DM
- Losgrösse der eigengefertigten Komponente		20 Komponenten
- Kommissionierprozess kosten / Komponente	200 DM : 20 Komponenten =	10 DM / Komp.
- Bedarf für 1 x	= 1 Komp. → 1 x 10 DM =	**10 DM / x**

Einlagerung der eigengefertigte Komponente

- Prozesskosten für eine Stücklistenposition		10 DM
- Losgrösse		20 Komp.
- Einlagerungsprozess- kosten / Komponente	10 DM : 20 Komponenten =	0,50 DM / K.
- Bedarf für 1 x	= 1 Komp. → 1 x 0,50 DM =	**0,50 DM / x**

Kommissionierung für den Montageauftrag

- Prozesskosten für eine Stücklistenposition		10 DM
- zu kommissionierende Stücklistenpositionen		12 Positionen
- Prozesskosten für 12 Positionen	12 x 10 DM =	120 DM
- Montagelosgrösse x		5 x
- Kommissionierprozess- kosten / x	120 DM : 5 x =	**24 DM / x**

c. Fertigungs- bzw. Montageauftragssteuerungsprozesskosten (HP 3)

Fertigungssteuerung der eigengefertigten Komponente

- Prozesskosten für eine Fertigungsstufe		20 DM
- Fertigungsstufen		10 Stufen
- Prozesskosten für 10 Fertigungsstufen	10 x 20 DM=	200 DM
- Losgrösse der eigen- gefertigten Komponente		20 Komponenten
- Fertigungssteuerungs- prozesskosten / Kom-p.	200 DM : 20 Komponenten =	10 DM / Komp.
- Bedarf für 1 x	= 1 Komp. → 1 x 10 DM =	**10 DM / x**

Steuerung des Montageauftrags

- Prozesskosten für eine Fertigungsstufe		20 DM
- Fertigungsstufen		3 Stufen
- Prozesskosten für 3 Stufen	3 x 20 DM =	60 DM
- Montagelosgrösse x		5 x
- Fertigungssteuerungs- prozesskosten / x	60 DM : 5 x =	**12 DM / x**

Zusammenfassung der Ergebnisse:

	Materialeinzelkosten	180,00 DM
+	Fertigungseinzelkosten	90,00 DM
+	Beschaffungsprozesskosten	15,00 DM
		1,50 DM
		30,00 DM
+	Lagerprozesskosten	1,00 DM
		0,10 DM
		2,00 DM
		10,00 DM
		0,50 DM
		24,00 DM
+	Steuerungsprozesskosten	10,00 DM
		12,00 DM
=	**Herstellkosten für 1 x**	**376,10 DM**

Fallstudie II: Prozessorientierte Kalkulation (indirekter Produkt / Prozesszusammenhang)

Ein Unternehmen stellt drei Varianten eines Produkts her:

Varianten	A	B	C
Materialeinzelkosten (DM/Stück)	50	50	50
Stückzahl	90 000	20 000	10 000

Auszug aus der Prozesskostenstellenrechnung:

Prozess	Kosten-treiber	Prozess-menge	lmi-Prozess-kosten (DM)	lmn-Prozess-kosten (DM)	Gesamtpro-zesskosten-satz (DM)
Rahmenverträge abschliessen	Rahmen-verträge	70	70 000		1 200
Abrufe über Rahmenverträge	Abrufe	1 500	90 000		72
Bestellungen Serienmaterial	Einzelbe-stellungen	2 000	180 000		108
Bestellungen Gemeinkostenmaterial	Bestellun-gen	1 000	90 000		108
Kontakte mit Lieferanten halten	Lieferanten	100	70 000		840
Abteilung leiten				100 000	
Summe			500 000	100 000	

Es wird angenommen, dass die Prozessmengen durch die hergestellten Stückzahlen und durch die Zahl der Produktvarianten in folgender Weise bestimmt werden:

Prozesse	stückzahlabhängige Prozessmenge	variantenzahlabhängige Prozessmenge
Rahmenverträge abschliessen	10 %	90 %
Abrufe über Rahmenverträge	50 %	50 %
Bestellungen Serienmaterial	50 %	50 %
Bestellungen Gemeinkostenmaterial	50 %	50 %
Kontakte mit Lieferanten	10 %	90 %

Im Folgenden werden die Materialkosten für je ein Stück jeder Produktvariante nach der Prozesskostenrechnung und nach der traditionellen Zuschlagskalkulation ermittelt.

Kalkulation nach der Prozesskostenrechnung:

1. Ermittlung der stückzahl- und variantenzahlabhängigen Prozessmengen

Prozesse	Prozessmengen	stückzahlabhängig	variantenzahlabhängig
Rahmenverträge abschliessen	70	10 % = 7	90 % = 63
Abrufe über Rahmenverträge	1 500	50 % = 750	50 % = 750
Bestellungen Serienmaterial	2 000	50 % = 1 000	50 % = 1 000
Bestellungen Gemeinkostenmaterial	1 000	50 % = 500	50 % = 500
Kontakte mit Lieferanten halten	100	10 % = 10	90 % = 90

2. Ermittlung der stückzahl- und variantenzahlabhängigen Prozesskosten

Prozesse	stückzahlabhängige Prozesskosten	variantenzahlabhängige Prozesskosten
Rahmenverträge abschliessen	7 Prozesse x 1 200 DM / Prozess = 8 400 DM	63 Prozesse x 1 200 DM / Prozess = 75 600 DM
Abrufe über Rahmenverträge	750 Prozesse x 72 DM / Prozess = 54 000 DM	750 Prozesse x 72 DM / Prozess = 54 000 DM
Bestellungen Serienmaterial	1 000 Prozesse x 108 DM / Prozess = 108 000 DM	1 000 Prozesse x 108 DM / Prozess = 108 000 DM
Bestellungen Gemeinkostenmaterial	500 Prozesse x 108 DM / Prozess = 54 000 DM	500 Prozesse x 108 DM / Prozess = 54 000 DM
Kontakte mit Lieferanten halten	10 Prozesse x 840 DM / Prozess = 8 400 DM	90 Prozesse x 840 DM / Prozess = 75 600 DM

Für die Kalkulation der **Stückkosten** verfährt man wie folgt weiter:

※ Da sich die stückzahlabhängigen Prozesskosten auf **alle** Stücke gemeinsam - d.h. die Stücke **aller** Varianten zusammen - beziehen, werden sie durch die Gesamtstücke dividiert. Unabhängig davon, zu welcher Variante eine Stück gehört, erhält es daher denselben Kostenbetrag.

※ Die variantenzahlabhängigen Prozesskosten beziehen sich dagegen auf die Zahl der Varianten. Entsprechend sind sie durch die Zahl der Varianten zu dividieren: Pro Variante ergibt sich dadurch derselbe Kostenbetrag.

* Dividiert man weiter den Kostenbetrag jeder Variante durch die zugehörige Stückzahl der jeweiligen Variante, erhält man die Kosten je Stück einer Variante. Sie
  variieren von Variante zu Variante derart, dass die Stückkosten hochvolumiger Varianten geringer ausfallen als die Stückkosten niedervolumiger Varianten.

* Schliesslich müssen zu den stückzahl- und variantenzahlabhängigen Prozesskosten
  noch die Materialeinzelkosten addiert werden. Das Ergebnis sind die Materialkosten
  je Stück einer Variante nach der Prozesskostenrechnung.

3. Ermittlung der stückzahlabhängigen Stückkosten

Prozesse		stückzahlabhängige Stückkosten
Rahmenverträge ab- schliessen	8 400 DM : 120 000 Stück =	0,07 DM / Stück
Abrufe über Rah- menverträge	54 000 DM : 120 000 Stück =	0,45 DM / Stück
Bestellungen Seri- enmaterial	108 000 DM : 120 000 Stück =	0,90 DM / Stück
Bestellungen Ge- meinkostenmaterial	54 000 DM : 120 000 Stück =	0,45 DM / Stück
Kontakte mit Liefe- ranten halten	8 400 DM : 120 000 Stück =	0,07 DM / Stück
Summe		**1,94 DM / Stück**

4. Ermittlung der Kosten / Variante

Prozesse		Kosten / Variante
Rahmenverträge abschliessen	75 600 DM : 3 Varianten =	25 200 DM / Variante
Abrufe über Rahmenverträge	54 000 DM : 3 Varianten =	18 000 DM / Variante
Bestellungen Serienmaterial	108 000 DM : 3 Varianten =	36 000 DM / Variante
Bestellungen Gemeinkosten-material	54 000 DM : 3 Varianten =	18 000 DM / Variante
Lieferantenkontakte halten	75 600 DM : 3 Varianten =	25 200 DM / Variante

5. Ermittlung der variantenzahlabhängigen Stückkosten

Prozesse	A	B	C
Rahmenverträge abschliessen	25 200 DM / Var. : 90 000 St./Var. = 0,28 DM / Stück	25 200 DM / Var. : 20 000 St./Var. = 1,26 DM / Stück	25 200 DM / Var. : 10 000 St./Var. = 2,52 DM / Stück
Abrufe über Rahmenverträge	18 000 DM / Var. : 90 000 St./Var. = 0,20 DM / Stück	18 000 DM / Var. : 20 000 St./Var. = 0,90 DM / Stück	18 000 DM / Var. : 10 000 St./Var. = 1,80 DM / Stück
Bestellungen Serienmaterial	36 000 DM / Var. : 90 000 St./Var. = 0,40 DM / Stück	36 000 DM / Var. : 20 000 St./Var. = 1,80 DM / Stück	36 000 DM / Var. : 10 000 St./Var. = 3,60 DM / Stück

Prozesse	A	B	C
Bestellungen Gemeinkostenmaterial	18 000 DM / Var. : 90 000 St./Var. = 0,20 DM / Stück	18 000 DM / Var. : 20 000 St./Var. = 0,90 DM / Stück	18 000 DM / Var. : 10 000 St./Var. = 1,80 DM / Stück
Kontakte mit Lieferanten halten	25 200 DM / Var. : 90 000 St./Var. = 0,28 DM / Stück	25 200 DM / Var. : 20 000 St./Var. = 1,26 DM / Stück	25 200 DM / Var. : 10 000 St./Var. = 2,52 DM / Stück
Summe	**1,36 DM / Stück**	**6,12 DM / Stück**	**12,24 DM / Stück**

Insgesamt ergeben sich damit folgende Prozessstückkosten:

	A	B	C
stückzahlabhängige Stückkosten	1,94 DM / Stück	1,94 DM / Stück	1,94 DM / Stück
variantenzahlabhängige Stückkosten	1,36 DM / Stück	6,12 DM / Stück	12,24 DM / Stück
Summe	**3,30 DM / Stück**	**8,06 DM / Stück**	**14,18 DM / Stück**

Probe:

A :	3,30 DM / Stück x 90 000 Stück =	297 000 DM
B:	8,06 DM / Stück x 20 000 Stück =	161 200 DM
C:	14,18 DM / Stück x 10 000 Stück =	141 800 DM
		600 000 DM

6. Ermittlung der Materialstückkosten

	A	B	C
Materialeinzelkosten	50,00 DM	50,00 DM	50,00 DM
Prozesskosten	3,30 DM	8,06 DM	14,18 DM
Materialstückkosten	**53,30 DM**	**58,06 DM**	**64,18 DM**

Kalkulation nach der traditionellen Zuschlagskalkulation:

1. Ermittlung des Zuschlagssatzes für Materialgemeinkosten

> **Zuschlagssatz = Materialeinzelkosten : Materialgemeinkosten**

> **Materialgemeinkosten (MGK):**
>
> 500 000 DM lmi-Kosten
>
> + 100 000 DM lmn-Kosten
>
> **600 000 DM**

> **Materialeinzelkosten (MEK):**
>
> 90 000 Stück x 50 DM / Stück = 4 500 000 DM
>
> + 20 000 Stück x 50 DM / Stück = 1 000 000 DM
>
> + 10 000 Stück x 50 DM / Stück =   500 000 DM
>
> **6 000 000 DM**

> Zuschlagssatz = 600 000 DM MGK : 6 000 000 DM MEK = **10%**

2. Ermittlung der Materialstückkosten

	A	B	C
Materialeinzelkosten	50,00 DM	50,00 DM	50,00 DM
Anteil an den Material- gemeinkosten 10% x 50 DM =	5,00 DM	5,00 DM	5,00 DM
Materialstückkosten	**55,00 DM**	**55,00 DM**	**55,00 DM**

Ergebnis:

Bei prozessorientierter Kalkulation erhalten Varianten mit geringen Stückzahlen im Vergleich zur traditionellen Zuschlagskalkulation ein Mehrfaches an Gemeinkosten zugeteilt. Dadurch erscheinen Varianten mit geringen Stückzahlen weniger erfolgreich als in der traditionellen Rechnung. Umgekehrt erscheinen Varianten mit hohen Stück- zahlen erfolgreicher als in der traditionellen Rechnung. Die Prozesskostenrechnung wirkt also der klassischen Fehlsteuerung entgegen, das Produktionsprogramm um viele niedervolumige Varianten - mit der Folge ständig steigender Gemeinkosten in den indi- rekten Bereichen - zu erweitern.

Problem:

Die Märkte sind heute durch differenzierte Kundenwünsche gekennzeichnet. (vgl. dazu Kapitel 2.3 Target Costing). Es gilt also einen betriebswirtschaftlich sinnvollen Kom- promiss zwischen Variantenvielfalt und Gemeinkostenanstieg bei den Entscheidungen über das Produktionsprogramm zu finden.

2.2.5   Gemeinkostencontrolling

Das Gemeinkostencontrolling der Prozesskostenrechnung will

※ mehr Leistungstransparenz schaffen, indem die Tätigkeiten der Kostenstellen detailliert aufgeführt werden,

※ mehr Kostentransparenz schaffen, indem den einzelnen Tätigkeiten in den Kostenstellen Kosten zugeordnet werden.

Dadurch sollen Unwirtschaftlichkeiten sichtbar werden, die als Konsequenz Rationalisierungen bzw. Kapazitätsanpassungen zur Folge haben.

Das Gemeinkostencontrolling in der Prozesskostenrechnung kann

※ kostenstellenübergreifend für die Hauptprozesse,

※ oder kostenstellenbezogen für die dort ablaufenden Prozesse

durchgeführt werden. Der Aufbau des kostenstellenbezogenen Gemeinkostencontrolling in der Prozesskostenrechnung ähnelt stark dem Aufbau der Wirtschaftlichkeitskontrolle in den Kostenstellen in der Grenzplankostenrechnung. Das Gemeinkostencontrolling in der Prozesskostenrechnung wird in folgenden Schritten durchgeführt:

1 a.   Ermittlung der Istkosten

Unter den Istkosten versteht man die tatsächlich angefallene Kosten.

bzw.

1 b.   Ermittlung der preisbereinigten Istkosten

(analog zu den Istkosten der Plankostenrechnungen)

2.   Ermittlung der Istprozessmenge

Unter der Istprozessmenge versteht man die tatsächlich angefallenen Prozesse.

3.   Ermittlung der Prozesssollkosten

4.   Abweichungsanalyse

Beispiel zum kostenstellenbezogenen Gemeinkostencontrolling:

(in Anlehnung an Brühl, 1995)

Kostenstelle Einkauf

※ Zeitpunkt t_o: Ermittlung der Planprozesskosten

Gesamte Plankosten laut Kostenstellenbudget: 600 000 DM

Es wird angenommen, dass die Kosten ausschliesslich fix in Bezug auf die Beschäftigung der Kostenstelle sind. Diese Annahme kann man rechtfertigen, weil es sich bei den Kosten des indirekten Bereichs „Einkauf" vorwiegend um Personalkosten handelt.

Insgesamt benötigte Mannjahre = Plan-Mannjahre: 6,0

Plankosten / Mannjahr   100 000 DM

Teilprozesse	Planmenge	geplante Mannjahre	Plankosten (DM)	lmi-Prozesskostensatz (DM)
Rahmenverträge abschliessen	70	0,7	70 000	1 000
Abrufe über Rahmenverträge	1 500	0,9	90 000	60
⋮				
⋮				

※ Zeitpunkt t_1: Gemeinkostencontrolling

1. Ermittlung der Istkosten

Da die Kosten **als ausschliesslich fix** angenommen wurden, müssen die (preisbereinigten) Istkosten den Plankosten entsprechen.

Istkosten: **600 000 DM**

Die Istkosten werden **auf der Grundlage der Planschlüssel** auf die Teil- bzw. Hauptprozesse verteilt.

---

600 000 DM Istkosten : 6 geplante Mannjahre = 100 000 DM / Mannjahr

---

Teilprozesse	geplante Mannjahre	Istkosten
Rahmenverträge abschliessen	0,7	70 000 DM
Abrufe über Rahmenverträge	0,9	90 000 DM
:		
:		

2. Ermittlung der Istprozessmengen

Da es sich um Mengengrössen handelt, ist eine direkte Messung möglich. Es wird von einer Auslastung in Höhe von 80% ausgegangen.

Teilprozesse	Planprozessmenge	Istprozessmenge
Rahmenverträge abschliessen	70	56
Abrufe über Rahmenverträge	1 500	1 200
:		
:		

3. Ermittlung der Prozesssollkosten

Die Prozesssollkosten werden wie folgt ermittelt:

Prozesssollkosten = Plan-Prozesskostensatz x Istprozessmenge

Die Prozesssollkosten geben an, wie hoch die Kosten bei alternativen Istprozess-mengen sein dürfen. (Der Prozesskostensatz sagt, wieviel die Durchführung eines Prozesses kostet. Multipliziert mit der Istprozessmenge ergeben sich die Kosten, die insgesamt bei der Istprozessmenge anfallen dürfen).

Teilprozesse	Plan-Prozess-kostensatz	Istmenge	Prozess-sollkosten
Rahmenverträge abschliessen	1 000	56	56 000 DM
Abrufe über Rahmenver-träge	60	1 200	72 000 DM
:			
:			

Die Prozesssollkosten sollen die notwendige Transparenz in den indirekten Be-reichen schaffen: Sie sind die Grundlage für Diskussionen über die angemessene Höhe der Gemeinkosten. Abweichungen, d.h. Überschreitungen der Prozesssoll-kosten durch die Istkosten, sollen Gemeinkostenabbau initiieren.

4. Ermittlung der Abweichungen von Ist- und Prozesssollkosten

Teilprozesse	Prozesssoll-kosten	Istkosten	Abweichungen
Rahmenverträge abschliessen	56 000 DM	70 000 DM	14 000 DM **Kostenüberschreitung**
Abrufe über Rahmenverträge	72 000 DM	90 000 DM	18 000 DM **Kostenüberschreitung**
:			
:			

Ergebnis:

Der Gemeinkostenreduktionsbedarf bei den beiden Prozessen beträgt 32 000 DM. Ein globaler Ausweis des Kostensenkungsbedarfs bei der Kostenstelle genügt nicht, wenn man eine Wirtschaftlichkeitskontrolle kostenstellenübergreifend für Hauptprozesse durchführen will. Denn dann müssen die Istkosten der Teilprozesse entlang der Prozesshierarchie den jeweiligen Hauptprozessen zugeordnet werden.

Kritische Interpretation der Abweichungen:

Bei den Abweichungen handelt es sich um die aus der flexiblen Plankostenrechnung auf Vollkostenbasis altbekannten **Beschäftigungsabweichungen**, die durch die Proportionalisierung fixer Kosten entstehen. Häufig werden die Abweichungen auch Leerkosten genannt. Im Beispiel beträgt die Beschäftigung 80%, folglich sind 80% der Fixkosten Nutzkosten und 20% sind Leerkosten.

Probe:

* 20% von 70 000 DM = 14 000 DM

* 20% von 90 000 DM = 18 000 DM

Die Gleichsetzung von Beschäftigungsabweichungen und Leerkosten ist in der Literatur nicht unumstritten. So merkt z.B. Brühl (1995, S. 77) an, dass Leerkosten keine tatsächlichen Kostenabweichungen sind, sondern lediglich den Teil der fixen Kosten darstellen, der auf nicht genutzte Kapazität entfällt. Unbestritten ist dagegen, dass der Ausweis von Leerkosten entscheidungstheoretisch problematisch ist, weil sich die Fixkosten nicht beliebig abbauen lassen. So ist es auch wieder in der Prozesskostenrechnung. Wenn ein Prozess weniger durchgeführt wird, reduzieren sich die Kosten der Kostenstelle eben nicht automatisch um den Prozesskostensatz. Anders ausgedrückt: In der Regel können die Istkosten den Sollkosten gar nicht entsprechen. Das Problem wird auch von den Vertretern der Prozesskostenrechnung gesehen, denn sie argumentieren vorsichtig, dass Abweichungen beim Gemeinkostencontrolling lediglich ein Anhaltspunkt für Diskussionen über die angemessene Höhe der Gemeinkosten sein sollen.

In Anlehnung an die Darstellungen in den Plankostenrechnungen wird das Gemeinkostencontrolling der Prozesskostenrechnung oft graphisch dargestellt:

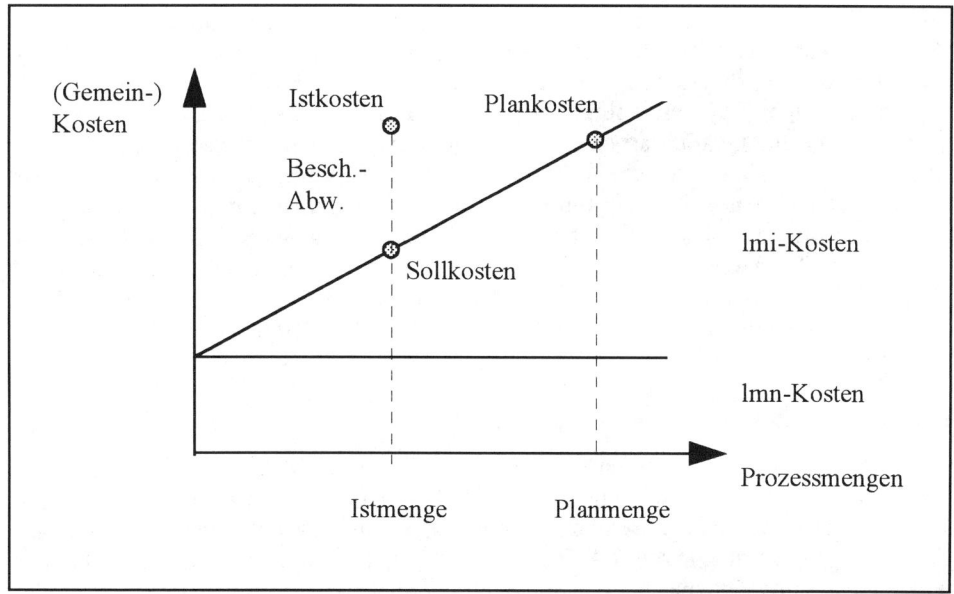

Abb. 11: Gemeinkostencontrolling in der Prozesskostenrechnung

Wenn die Abweichungsanalyse Kostenüberschreitungen ergeben hat, ist nach **Massnahmen zur Gemeinkostenreduktion** zu suchen. Solche Massnahmen können z.B. sein:

※ Aktives Kapazitätsmanagement,

※ Kontinuierliche Prozessoptimierung,

※ Prozess-Redesign.

Aktives Kapazitätsmanagement (vgl. z.B. Kampmann, 1995, S. 152 ff.)

Durch ein aktives Kapazitätsmanagement sollen die Leerzeiten und damit die Leerkosten reduziert werden. Massnahmen bei Unterauslastung sind z.B. Überstundenabbau, Mitarbeiterausleihe an Prozesse mit Überlastung oder Mitarbeiterschulung für spätere Ausleihen an überlastige Prozesse. In diesem Zusammenhang wirkt sich ein hoher Anteil an Teilzeitarbeitskräften mit flexiblen Arbeitszeiten positiv aus.

Kontinuierliche Prozessoptimierung

Oft werden bereits bei der Tätigkeitsanalyse Ressourceninanspruchnahmen aufgedeckt, die für das Unternehmen keinen oder nur bedingten Wert haben. Dazu gehören z.B. Transportzeiten, Liegezeiten, Doppelarbeiten, Reklamationen, Suchen und Abstimmungen. Diese Ressourceninanspruchnahmen stellen ein erhebliches Rationalisierungspotential dar. So kann man z.B. versuchen, Liege- und Transportzeiten zwischen den einzelnen Vorgängen zu minimieren, wodurch die Prozessdurchlaufzeit erheblich reduziert wird. Die Prozessoptimierung soll zur Eliminierung überflüssiger und Verbesserung notwendiger Tätigkeiten führen und hat somit nicht nur unter Zeit-, sondern auch unter Kosten- und Qualitätsaspekten zu erfolgen. Zweckmässigerweise werden die Optimierungsmassnahmen von einem Prozessoptimierungsteam erarbeitet. Dieses definiert zunächst einen Idealprozess, der mit dem Istprozess verglichen wird, um Schwachstellen zu identifizieren. Die Vermeidung überflüssiger Arbeiten sowie die Verbesserung notwendiger Tätigkeiten stellt auch im Lean Managment einen Arbeitsschritt dar (vgl. dazu 2.3 Target Costing als Controllingansatz im Lean Management). D. h., dass die Prozesskostenrechnung das Lean Management unterstützen kann.

Prozess-Redesign

Während Prozessoptimierung eine Verbesserung bereits bestehender Abläufe darstellt, kann man unter Prozess-Redesign die Neugestaltung von Prozessen verstehen. Prozess-Redesign entspricht dem Konzept des Business-Reengineering, das durch das In-Frage-Stellen von Bewährtem und das Aufheben der klassischen Arbeitsteilung einen höheren Kundennutzen und damit eine bessere Wettbewerbsfähigkeit erreichen will. Prozess-Redesign wird z.B. erforderlich, wenn ein Unternehmen feststellt, dass ein bestimmtes Geschäftsfeld in „Eigenfertigung" dauerhaft zu unwirtschaftlich ist. In diesem Fall sollte ein Outsourcing erwogen werden.

2.2.6   Ausgewählte Probleme bei der Einführung und Anwendung der Prozesskostenrechnung

* Es müssen sich Kostentreiber finden lassen, die die an sie gestellten Anforderungen erfüllen. Das ist häufiger nicht der Fall, weil viele Prozesse in den indirekten Bereichen produktfern sind und sich somit keine nachvollziehbaren und rechenbaren Beziehungen zwischen Kostentreibern und Kostenträgern formulieren lassen.

* Wenn man für eine Kostenstelle mehrere Kostentreiber braucht und die bestehenden EDV-Systeme (z.B. zur Plankostenrechnung) nur eine Bezugsgrösse pro Kostenstelle vorsehen, müssen die EDV-Systeme erweitert werden.

* Häufig muss die Datenerfassung erheblich ausgeweitet werden, weil viele Daten nicht zur Verfügung stehen, die die Prozesskostenrechnung braucht, z.B. Zeitangaben über Tätigkeiten.

* Der bestehende Kostenstellenplan eines Unternehmens kann sich als nicht geeignet erweisen - häufig müssen mehr Kostenstellen abgegrenzt werden, z.B. im Verwaltungsbereich.

※ Wenn in einer Kostenstelle überwiegend lmn-Prozesse anfallen, ist die Prozesskostenrechnung fragwürdig, weil die Kosten dieser Prozesse nur über Umlagesätze auf die Kostenträger verrechnet werden können, nicht aber verursachungsgerecht nach der spezifischen Inanspruchnahme durch die Kostenträger (lmn-Prozesse werden nämlich von den Kostenträgern nicht in Anspruch genommen).

※ Die Einführung der Prozesskostenrechnung kann nicht auf einmal erfolgen - das führt für eine gewisse Zeit zu einem Nebeneinander von Kostenrechnungssystemen mit der entsprechenden Verwirrung - möglich ist auch, dass es systemtechnisch schwierig ist, nebeneinander sowohl traditionelle Zuschlags- bzw. Verrechnungssätze und die Kostensätze der Prozesskostenrechnung zu ermitteln.

※ Die Einführung der Prozesskostenrechnung erfordert den Einsatz erheblicher betrieblicher Ressourcen. In der Literatur wird der Zeitbedarf für die Implementierung auf ca. 3 Mannjahre geschätzt (vgl. dazu Göpfert / Rummel, 1988).

※ Die Anwendung der Prozesskostenrechnung setzt einen hohen Informations- und Schulungsaufwand voraus.

2.2.7 Kritische Würdigung

※ Positiv ist hervorzuheben, dass die Prozesskostenrechnung überhaupt Transparenz in die indirekten Bereiche bringt - andere Kostenrechnungssysteme vernachlässigen diese Bereiche völlig. Alleine das Auflisten der einzelnen Tätigkeiten kann schon Hinweise auf überflüssige Leistungen oder überdimensionierte Leistungen geben, deren Abbau oder Reduktion bei entsprechenden Entscheidungen über Gemeinkostenarten zum Gemeinkostenabbau führen können. Allerdings ist der Ansatz, Tätigkeiten in den Gemeinkostenbereichen aufzulisten und dabei nach überflüssigen oder überdimensionierten Tätigkeiten zu forschen - deren Abschaffung zu Kostensenkungen führen soll - nicht neu. Ähnlich gehen das Zero-Base-Budgeting und die Gemeinkostenwertanalyse vor (vgl. dazu S. 11).

※ Von den Befürwortern der Prozesskostenrechnung werden vor allem die „strategischen Informationsvorteile" der Prozesskostenrechnung gewürdigt. Strategische Informationsvorteile sind der

1. Allokationseffekt,

2. Degressionseffekt,

3. Komplexitätseffekt.

zu 1. Allokationseffekt

Im Rahmen der Prozesskostenrechnung erfolgt die Zuordnung der Gemeinkosten auf die Produkte unabhängig von der Höhe traditionell wertorientierter Zuschlagsbasen (z.B. Material-, Lohneinzelkosten). Statt dessen ist man bestrebt, die Gemeinkosten nach der Inanspruchnahme betrieblicher Ressourcen auf die einzelnen Produkte zu verteilen. Daraus ergibt sich eine andere Zuweisung (**Allokation**) der Gemeinkosten auf die Kostenträger.

Beispiel (in enger Anlehnung an Reckenfelderbäumer, 1994, S. 94):

Ein Unternehmen stellt drei Varianten eines Produkts her. Die Materialeinzelkosten variieren von Variante zu Variante. Die Inanspruchnahme der indirekten Bereiche ist bei allen Varianten gleich. Dann ergibt sich nach der Prozesskostenrechnung und der traditionellen Zuschlagskalkulation folgende Allokation der Materialgemeinkosten:

Kostenträger 1 Stück	MEK (DM)	trad. MGK-Zuschlagsatz 25 %	MGK-Verteilung mit Prozesskostensatz (DM)	Allokationseffekt (DM)
Variante A	30,00	7,50	15,00	+ 7,50 (+ 100 %)
Variante B	50,00	12,50	15,00	+ 2,50 (+ 20 %)
Variante C	100,00	25,00	15,00	- 10,-- (- 40 %)
Summe	180,00	45,00	45,00	

Es wird deutlich, dass die traditionelle Zuschlagskalkulation für Kalkulationsobjekte mit geringen Einzelkosten zu wenig und für Kalkulationsobjekte mit hohen Einzelkosten zu viele Gemeinkosten kalkuliert.

zu 2. Degressionseffekt

Bezogen auf ein Produkt sagt dieser Effekt, dass sich mit steigenden Stückzahlen die Stückkosten für die interne Abwicklung von Materialbestellungen, Kundenaufträgen etc. verringern.

Beispiel :Vertriebsgemeinkosten

(in enger Anlehnung an Coenenberg/Fischer, 1991, S. 33)

Die Vertriebsgemeinkosten entstehen durch die Bearbeitung eines Kundenauftrags (Abwicklung, Ausgangskontrolle, Auslagerung, Versand, Buchung). Ihre Gesamthöhe ist aber nicht abhängig von der bestellten Stückzahl. Im Beispiel verursacht die Abwicklung eines Kundenauftrags Prozesskosten in Höhe von 450 DM, unabhängig von der Grösse des Auftrags.

Stück	Herstellkosten (DM)	Vertriebsgemeinkosten Zuschlagsatz 5% (DM)	Stückkosten (DM)	Herstellkosten (DM)	Vertriebsgemeinkosten Prozesskostenrechnung (DM)	Stückkosten (DM)	Degressionseffekt (DM)
1	1 000	50	1 050	1 000	450	1 450	+ 400
5	5 000	250	1 050	5 000	450	1 090	+ 40
10	10 000	500	1 050	10 000	450	1 045	- 5
20	20 000	1 000	1 050	20 000	450	1 022,50	- 27,50
	36 000	1 800		36 000	1 800		

Es wird deutlich, dass bei Anwendung der traditionellen Vollkostenrechnung

▨ Stücke aus Aufträgen mit geringer Stückzahl zu günstig kalkuliert werden, weil solche Aufträge vergleichsweise geringe Herstellkosten aufweisen und daher über den Zuschlagssatz auch nur vergleichsweise geringe Vertriebsgemeinkosten zugeordnet bekommen,

❋ Stücke aus Aufträgen mit hohen Stückzahlen zu teuer kalkuliert werden, weil solche Aufträge vergleichsweise hohe Herstellkosten aufweisen und daher über den Zuschlagssatz auch vergleichsweise hohe Vertriebsgemeinkosten zugeordnet bekommen.

zu 3. Komplexitätseffekt

Der Variantenreichtum und die Komplexität eines Produkts sind gemeinkostentreibende Faktoren, da ihre Herstellung „überproportional" viele Aktivitäten im indirekten Bereich beansprucht. Der Komplexitätseffekt entsteht, weil im Rahmen der Prozesskostenrechnung Produkte, die aus einer grösseren Zahl von Teilen oder Bauelementen bestehen und für deren Produktion daher ein höheres Mass an gemeinkostentreibenden Tätigkeiten erforderlich ist (z.B. Materialwirtschaft, Fertigungssteuerung oder Qualitätssicherung), mit mehr Gemeinkosten belastet werden als im Rahmen der traditionellen Zuschlagskalkulation.

Beispiel:

Ein Unternehmen stellt Produkt A in zwei und Produkt B in vier Fertigungsstufen her.

Produkt	Fertigungseinzelkosten (DM)	Fertigungsgemeinkosten = Fertigungssteuerungskosten traditioneller Zuschlagssatz 225% (DM)	traditionelle Fertigungskosten (DM)	Fertigungsgemeinkosten = Prozesskosten der Fertigungssteuerung (DM)	Fertigungskosten nach Prozesskostenrechnung (DM)	Komplexitätseffekt (DM)
Produkt A	2 000	4 500	6 500	3 000	5 000	- 1 500
Produkt B	2 000	4 500	6 500	6 000	8 000	+ 1 500
Σ	4 000	9 000	13 000	9 000	13 000	

❋ „Es steht ausser Frage, dass die Prozesskostenrechnung dem insbesondere von seiten der Praxis geäusserten Wunsch nach Einbeziehung fixer Gemeinkosten in die Kalkulation besser gerecht wird als die traditionelle Vollkostenrechnung." (Reckenfelderbäumer, 1994, S. 121).

❋ Man kann sich aber auch kritisch zur Prozesskostenrechnung äussern. Neben diversen Einzelproblemen (vgl. 2.2.3 Prozesskostenstellenrechnung) richtet sich der Hauptkritikpunkt darauf, dass die Prozesskostenrechnung fixe Gemeinkosten proportionalisiert. In der Literatur zur Teilkostenrechnung herrscht seit langem Einigkeit darüber, dass die Fixkostenproportionalisierung zu Fehlentscheidungen bei der Beurteilung der Vorteilhaftigkeit von Produkten bzw. zu Fehleinschätzungen im Rahmen des Gemeinkostencontrolling führen kann (vgl. dazu auch S. 2 - 5).

Beispiel:

Für ein Produkt hat die prozessorientierte Kalkulation folgendes Ergebnis gebracht:

	Materialeinzelkosten	180,00 DM
+	Fertigungseinzelkosten	90,00 DM
+	Beschaffungsprozesskosten	46,50 DM
+	Lagerprozesskosten	37,60 DM
+	Fertigungssteuerungsprozesskosten	22,00 DM
=	**Herstellkosten**	**376,10 DM**

Da die Prozesskosten hauptsächlich Personalkosten sind, ist der überwiegende Teil der Prozesskosten als Fixkosten zu klassifizieren. Geht man z.B. von einem Fixkostenanteil in Höhe von 80% aus, so sind von den insgesamt 106,10 DM Prozesskosten 84,88 DM fixe Kosten und 21,22 DM variable Kosten. Wenn jetzt z.B. der am Markt realisierbare Preis für das Produkt 320 DM beträgt, erscheint die Herstellung und der Absatz des Produkts nach der Prozesskostenrechnung nachteilig, weil je Stück ein Verlust (vor Verwaltungs- und Vertriebsgemeinkosten) in Höhe von

Preis	320,00 DM
- Herstellkosten	376,10 DM
= **Verlust (vor Verwaltungs- und Vertriebs-gemeinkosten)**	**56,10 DM**

eintritt. Die Herstellung und Vermarktung des Produkts müsste aus dieser Sicht also unterbleiben. Die Entscheidung zur Eliminierung des Produkts wäre aber eine Fehlentscheidung. Denn die Fixkosten entstehen nicht zusätzlich mit jedem Stück, sondern auf Grund von Entscheidungen zur Sicherung der Betriebsbereitschaft. Tatsächlich erbringt der Absatz jedes einzelnen Stücks einen Deckungsbeitrag (= Erlös - variable Kosten) in Höhe von

Preis	320,00 DM
- Materialeinzelkosten	180,00 DM
- Fertigungseinzelkosten	90,00 DM
- variable Prozesskosten	21,22 DM
= **Deckungsbeitrag**	**28,78 DM**

der zur Deckung der Fixkosten beitragen kann und der entgeht, wenn das Produkt nicht hergestellt und nicht verkauft wird.

Ganz ähnlich ist die Kritik am Gemeinkostencontrolling. Es wird unterstellt, dass sich die Kostenstellenkosten um den Prozesskostensatz reduzieren lassen, wenn ein Prozess einmal weniger durchgeführt wird. Das ist aber nicht der Fall, weil es sich bei den Kosten der indirekten Bereiche vorwiegend um Personalkosten handelt, die aufgrund von Arbeitsverträgen gezahlt werden und sich nicht automatisch verändern, wenn sich die Beschäftigung der Kostenstelle ändert bzw. die nicht in beliebigen Quanten abgebaut werden können. Dessen ungeachtet werden sie mit der Beschäftigung proportionalisiert. Tatsächlich sind die Prozesssollkosten lediglich das rechnerische Kostenäquivalent bei alternativen Beschäftigungen eines indirekten

Bereichs. Das Problem wird auch von den Vertretern der Prozesskostenrechnung gesehen, denn sie argumentieren, dass Abweichungen beim Gemeinkostencontrolling nur Beschäftigungsabweichungen sind und lediglich ein Anhaltspunkt für Diskussionen über die angemessene Höhe der Gemeinkosten sein sollen.

Dagegen kann man wiederum einwenden, dass sich ein solcher Anhaltspunkt auch einfacher als mit den Prozesskosten gewinnen lässt, nämlich mit einer reinen Mengenrechnung (Stichwort: Lean Controlling). Es würde nämlich reichen, die Planprozessmengen mit den Istprozessmengen abzugleichen. Dauerhafte Überschreitungen der Planmengen durch die Istmengen deuten auf Überkapazitäten hin und sind ein einfacher Indikator für Diskussionen über einen Gemeinkostenabbau.

2.2.8 Integration von Prozesskostenrechnung und Fixkostenmanagement

Da die Prozesskostenrechnung die Kosten nicht in fixe und variable Kosten unterteilt, gehen bei ihrer Anwendung die Informationen des Fixkostenmanagement verloren (vgl. Reichmann / Fröhling, 1993, S. 66 - 67). Das zeigt sich z.B. in der

※ Prozesskostenstellenrechnung

Bei den Prozesskostensätzen handelt es sich nicht um eine originäre Kostenart. Vielmehr setzen sich die Kosten eines Prozesses aus mehreren originären überwiegend fixen Kostenarten zusammen. So gehen z.B. in die Kosten des Prozesses „Angebote einholen" fixe Personalkosten (Mitarbeiter der Einkaufsabteilung), teilweise variable Büro- und Geschäftsausstattungskosten (benutzte DV-Systeme, Software und verwendetes Büromaterial) und fixe Raumkosten (kalkulatorische Miete) ein. Die übliche Prozesskostenstellenrechnung enthält keine Informationen über die Beschäftigungsgradabhängigkeit und die zeitlichen Bindungsdauern der originären Kostenarten.

※ Prozessorientierte Kalkulation

Auch die Prozesskostenkalkulation bietet

- keine Transparenz der Kosten im Hinblick auf eine Differenzierung in variable und fixe Kostenschichten und

- keine Informationen über die Beeinflussbarkeit der Prozesskosten (Abbaufähigkeit anteiliger fixer Prozesskosten).

In der Literatur findet man daher Ansätze zur Integration von Prozesskostenrechnung und Fixkostenmanagement, um die Vorteile beider Instrumente nutzen zu können. Eine solche Integration beschreibt die Fallstudie III.

Fallstudie III: Fixkostenmanagement- und prozessorientierte Kostenstellenrechnung und Kalkulation

(in enger Anlehnung an Reichmann / Fröhling, 1993, S. 67 - 73)

Ein Unternehmen produziert vier Varianten in folgenden Stückzahlen:

A	B	C	D
100 000 Stück	150 000 Stück	180 000 Stück	120 000 Stück

Die (variablen) Einzelkosten pro Stück betragen:

A	B	C	D
10 DM / Stück	12 DM / Stück	9 DM / Stück	1,50 DM / Stück

Insgesamt betragen demnach die Einzelkosten:

A:	100 000 Stück	x	10 DM / Stück =	1 000 000 DM
+ B:	150 000 Stück	x	12 DM / Stück =	1 800 000 DM
+ C:	180 000 Stück	x	9 DM / Stück =	1 620 000 DM
+ D:	120 000 Stück	x 1,50 DM / Stück =		180 000 DM
				4 600 000 DM

Die variablen Gemeinkosten betragen insgesamt 460 000 DM und verteilen sich wie folgt auf die Varianten:

A	B	C	D
100 000 DM	180 000 DM	162 000 DM	18 000 DM

Daraus ergeben sich folgende Gemeinkosten pro Stück:

A	B	C	D
$\dfrac{100\,000\text{ DM}}{100\,000\text{ Stück}}$	$\dfrac{180\,000\text{ DM}}{150\,000\text{ Stück}}$	$\dfrac{162\,000\text{ DM}}{180\,000\text{ Stück}}$	$\dfrac{18\,000\text{ DM}}{120\,000\text{ Stück}}$
= 1 DM / Stück	= 1,20 DM / Stück	= 0,90 DM / Stück	= 0,15 DM / Stück

Die gesamten Fixkosten betragen 900 000 DM. Sie sind wie folgt abbaubar:

	$\leq$ 6 Monate	250 000 DM
> 6 Monate	$\leq$ 1 Jahr	375 000 DM
	> 1 Jahr	275 000 DM
		900 000 DM

Die originäre Prozesskostenstellenrechnung liefert auszugsweise folgende Informationen:

Kostenstelle: Warenannahme

Teilprozesse	lmi / lmn	Kosten-treiber	Plan-kosten (DM)	Plan-menge	lmi-Satz (DM)	lmn-Satz (DM)	Gesamt-kosten-satz (DM)
(1) Paletten mit Gabel-stapler entla-den	lmi	Zahl der zu entladenden Paletten	38 500	1 000	38,50	3,85	42,35
(2) Manuelle Warenerfas-sung	lmi	Zahl der zu erfassenden Artikel / Palette	26 500	13 250	2,00	0,20	2,20
(3) Stichpro-benweise Kontrollen	lmi	Zahl der zu kontrol-lierenden Artikel / Palette	10 000	4 000	2,50	0,25	2,75
(4) Kosten-stelle leiten	lmn		7 500				
Summe			82 500		43,00	4,30	47,30

Zur Kostenstellenrechnung

Die Integration der Informationen des Fixkostenmanagement zur Beschäftigungsgrad-abhängigkeit und zu den zeitlichen Bindungsdauern der originären Kosten führt zu der folgenden modifizierten Prozesskostenstellenrechnung:

Teilprozesse	lmi / lmn	Kostentreiber	Plankosten (DM)	Planmenge	lmi-Satz (DM)	lmn-Satz (DM)	Gesamtkostensatz (DM)
(1) Paletten mit Gabelstapler entladen	lmi	Zahl der zu entladenden Paletten	38 500	1 000	38,50	3,85	42,35
(2) Manuelle Warenerfassung	lmi	Zahl der zu erfassenden Artikel/Palette	26 500	13 250	2,00	0,20	2,20
(3) Stichprobenweise Kontrollen	lmi	Zahl der zu kontrollierenden Artikel/Palette	10 000	4 000	2,50	0,25	2,75
Kostenstelle leiten	lmn		7 500				
Summe			**82 500**		**43,00**	**4,30**	**47,30**

Kostenart	**fix/variabel**	**Bezugsgrösse**	**Plankosten (DM)**	**Planmenge**	**Verr.-Satz (DM)**	**Abbautermine**	**Verrechnung auf Prozesse**
Lohn / Gehalt	fix	Mannstunden	60 000	3 000	20,00	≤ 6 M.	1: 60,0% 2: 40,0% 3: ——
			20 000	500	40,00	> 6 M. ≤ 1 Jahr	2: 12,5% 3: 50,0% 4: 37,5%
Treibstoff	var.	Liter	400	500	0,80	——	1: 100%
Abschreibungen	fix	Monat	1 500	——	1 500	> 1 Jahr	1: 100%
Zinsen	fix	Monat	200	——	200	> 6 M. ≤ 1 Jahr	1: 100%
Reparatur / Wartung	var.	Mannstunden	400	10	40	——	1: 100%
Summe			**82 500**				

Erläuterungen:

※ Die Bezugsgrösse ist ein Begriff aus der flexiblen Plankostenrechnung auf Teilkostenbasis (Grenzplankostenrechnung) (vgl. Kilger 1993, S. 312 - 313). Bezugsgrössen stellen wie die Kostentreiber in der Prozesskostenrechnung Einflussgrössen auf die Kosten - hier die Kosten der Kostenstelle „Warenannahme" - dar.

※ Die Kostenarten „Treibstoff", „Abschreibungen", „Zinsen" und „Reparatur / Wartung" werden jeweils zu 100% auf den Prozess (1): „Paletten mit Gabelstaplern entladen" verrechnet, weil sie sich allein auf den Gabelstapler beziehen.

※ Personalkosten fallen dagegen für alle Prozesse an und werden daher auch auf alle Prozesse verrechnet. Geht man z.B. davon aus, dass für den Teilprozess (1) „Paletten mit Gabelstaplern entladen"

   – 60% des Personals eingesetzt werden, dessen Kosten innerhalb von 6 Monaten abbaubar sind und

   – 0% des Personals eingesetzt werden, dessen Kosten in einem Zeitraum von 6 Monaten bis zu einem Jahr abgebaut werden können

setzen sich die Planprozesskosten des Teilprozesses (1) unter Berücksichtigung der übrigen originären Kostenarten wie folgt zusammen:

Personalkosten (≤ 6 Monate abbaubar)	60% von 60 000 DM =	36 000 DM
+ Treibstoff		400 DM
+ Abschreibungen		1 500 DM
+ Zinsen		200 DM
+ Reparatur / Wartung		400 DM
= **Planprozesskosten**		**38 500 DM**

Geht man davon aus, dass für den Teilprozess (2): „Manuelle Warenerfassung"

   – 40% des Personals eingesetzt wird, dessen Kosten innerhalb von 6 Monaten abbaubar sind und

   – 12,5% des Personals eingesetzt wird, dessen Kosten in einem Zeitraum von 6 Monaten bis zu einem Jahr abgebaut werden können,

setzen sich die Planprozesskosten des Teilprozesses (2) wie folgt zusammen:

Personalkosten	40% von 60 000 DM =	24 000 DM
($\leq$ 6 Monate abbaubar)		
+ Personalkosten	12,5% von 20 000 DM =	2 500 DM
(> 6 Monate		
$\leq$ 1 Jahr abbaubar)		
= **Planprozesskosten**		**26 500 DM**

Zur Kalkulation

Da es sich bei der Warenannahme als Teil der Logisitik um einen produktnahen Bereich handelt, kann ein direkter Zusammenhang zwischen den Varianten und den für sie erforderlichen Prozessen hergestellt werden:

Teilprozesse	Gesamtko-stensatz (DM)	Mengenvolumen	Gesamtkostensatz pro Stück (DM / Stück)
(1) Paletten mit Gabelstapler entladen	42,35	300 Paletten (für A)	0,1271
		400 Paletten (für B)	0,1129
		200 Paletten (für C)	0,0471
		100 Paletten (für D)	0,0353
		1 000 Paletten	
(2) Manuelle Warenerfassung	2,20	1 000 Artikel (für A)	0,0220
		4 250 Artikel (für B)	0,0623
		5 000 Artikel (für C)	0,0611
		3 000 Artikel (für D)	0,0550
		13 250 Artikel	

Teilprozesse	Gesamtko-stensatz (DM)	Mengenvolumen	Gesamtkostensatz pro Stück (DM / Stück)
(3) Stichpro-benweise Kon-trollen	2,75	400 Artikel (für A)	0,0110
		1 000 Artikel (für B)	0,0183
		1 900 Artikel (für C)	0,0290
		700 Artikel (für D)	0,0160
		4 000 Artikel	

Erläuterungen:

※ Der Gesamtprozesskostensatz / Produkteinheit ergibt sich grundsätzlich aus:

$$\frac{\text{Gesamtprozesskostensatz / Teilprozess x Mengenvolumen}}{\text{Stückzahl / Variante}}$$

※ Für den Teilprozess (1) ergibt sich dementsprechend:

$$\frac{42,35 \text{ DM /Prozess x 300 Paletten (für A)}}{100\,000 \text{ Stück / (A)}} = 0,1271 \text{ DM / Stück}$$

Bevor die eigentliche Kalkulation erfolgen kann, sind noch weitere Vorüberlegungen anzustellen:

※ Ein Teil der variablen und fixen Gemeinkosten soll ja prozessbezogen verrechnet werden, d.h. sie müssen von den gesamten Gemeinkosten abgesetzt werden. Dabei wird bei den variablen Gemeinkosten „impliziert - analog etwa der Verteilung der variantenzahlabhängigen Prozesskosten auf die einzelnen Varianten -, dass diese Reduktion pro Produkt bzw. Variante in gleicher Höhe erfolgt." (Reichmann / Fröh-ling, 1993, S. 72).

Danach ergibt sich für die variablen Gemeinkosten folgende Rechnung:

	A	**B**	**C**	**D**
variable Gemein-kosten **vor** pro-zessorientierter Verrechnung:	**100 000 DM**	**180 000 DM**	**162 000 DM**	**18 000 DM**
- prozessorientiert zu verrechnende va-riable Gemeinko-sten:				
– Treibstoff 400 DM : 4 =	100 DM	100 DM	100 DM	100 DM
– Reparatur / Wartung 400 DM : 4 =	100 DM	100 DM	100 DM	100 DM
= variable Gemein-kosten **nach** pro-zessorientierter Verrechnung	**99 800 DM**	**179 800 DM**	**161 800 DM**	**17 800 DM**

Für die fixen Gemeinkosten ergibt sich folgende Rechnung:

Fixe Kosten **vor** prozessorientierter Verrechnung	900 000 DM
davon ≤ 6 Monate abbaufähig	250 000 DM
davon > 6 Monate ≤ 1 Jahr abbaufähig	375 000 DM
davon > 1 Jahr abbaufähig	275 000 DM
- prozessorientiert zu verrechnende Fixkosten	81 700 DM
– Lohn /Gehalt	
davon ≤ 6 Monate abbaufähig	60 000 DM
davon > 6 Monate ≤ 1 Jahr abbaufähig	20 000 DM
– Abschreibung	
> 1 Jahr abbaufähig	1 500 DM
– Zinsen	
> 6 Monate ≤ 1 Jahr abbaufähig	200 DM
= Fixe Kosten **nach** prozessorientierter Verrechnung	818 300 DM
davon ≤ 6 Monate abbaufähig	190 000 DM
davon > 6 Monate ≤ 1 Jahr abbaufähig	354 800 DM
davon > 1 Jahr abbaufähig	273 500 DM

※ Schliesslich sind vor der eigentlichen Kalkulation die Prozesskostensätze Fixkosten-bindungsdauer-orientiert zu differenzieren:

	A	B	C	D
Teilprozess (1):				
Paletten mit Gabelstapler entladen				
Prozesskostensatz / Stück	0,1271	0,1129	0,0471	0,0353
davon ≤ 6 Monate abbaubar	0,1104	0,0981	0,0409	0,0307
davon ≤ 1 Jahr abbaubar	0,1226	0,1089	0,0454	0,0341
davon > 1 Jahr abbaubar	0,1271	0,1129	0,0471	0,0353
Teilprozess (2):				
Manuelle Warenerfassung				
Prozesskostensatz / Stück	0,0220	0,0623	0,0611	0,0550
davon ≤ 6 Monate abbaubar	0,0181	0,0513	0,0503	0,0453
davon ≤ 1 Jahr abbaubar	0,0220	0,0623	0,0611	0,0550
Teilprozess (3):				
Stichprobenweise Kontrolle				
Prozesskostensatz / Stück	0,0110	0,0183	0,0290	0,0160
davon ≤ 6 Monate abbaubar	——	——	——	——
davon ≤ 1 Jahr abbaubar	0,0110	0,0183	0,0290	0,0160

Erläuterungen:

▓ **Teilprozess (1): Paletten mit Gabelstapler entladen / Variante A**

1. Schritt: Ermittlung des Gesamtprozesskostensatzes (vgl. S. 82)

lmi-Kosten:	38 500 DM : 1 000 Prozesse =	38,50 DM / Prozess
lmn-Kosten:	3 850 DM : 1 000 Prozesse =	3,85 DM / Prozess
Gesamtprozesskostensatz		**42,35 DM / Prozess**

2. Schritt: Ermittlung des Gesamtprozesskostensatzes / Stück (vgl. S. 85)

$$\frac{42,35 \text{ DM / Prozess } \times \text{ 300 Paletten}}{100\ 000 \text{ Stück (A)}} = 0,1271 \text{ DM / Stück}$$

3. Schritt: Differenzierung der Prozesskosten nach Abbaubarkeit

lmi-Kosten

Von den 38 500 DM sind:

variable Kosten bzw. $\leq$ 6 Monate abbaubar

Personalkosten	36 000 DM
Treibstoff	400 DM
Reparatur / Wartung	400 DM
Summe	36 800 DM

nur > 6 Monate ≤ 1 Jahr abbaubar

Zinsen	200 DM

nur > 1 Jahr abbaubar

Abschreibungen	1 500 DM

lmn-Kosten

> 6 Monate, ≤ 1 Jahr abbaubar

Personalkosten	3 850 DM

4. Schritt: Differenzierung der Prozesskostensätze / Stück nach Abbaubarkeit

variable Kosten bzw. ≤ 6 Monate abbaubar

36 800 DM : 1 000 Prozesse =	36,80 DM / Prozess
$\dfrac{36,80 \text{ DM / Prozess} \times 300 \text{ Paletten}}{100\ 000 \text{ Stück (A)}}$	= 0,1104 DM / Stück

nur > 6 Monate ≤ 1 Jahr abbaubar

4 050 DM : 1 000 Prozesse =	4,05 DM / Prozess
$\dfrac{4,05 \text{ DM / Prozess} \times 300 \text{ Paletten}}{100\ 000 \text{ Stück (A)}}$	= 0,0122 DM / Stück

nur > 1 Jahr abbaubar

1 500 DM : 1 000 Prozesse =	1,50 DM / Prozess
$\dfrac{1,50 \text{ DM / Prozess} \times 300 \text{ Paletten}}{100\ 000 \text{ Stück (A)}}$	= 0,0045 DM / Stück

5. Schritt: Zusammenstellung der Ergebnisse

Prozesskostensatz /Stück	0,1271 DM / Stück
davon ≤ 6 Monate abbaubar	0,1104 DM / Stück
davon ≤ 1 Jahr abbaubar 0,1104 DM / Stück + 0,0122 DM / Stück = 0,1226 DM / Stück	0,1226 DM / Stück
davon > 1 Jahr abbaubar 0,1226 DM / Stück + 0,0045 DM / Stück = 0,1271 DM / Stück	0,1271 DM / Stück

❋ Teilprozess (2): Manuelle Warenerfassung / Variante A

1. Schritt: Ermittlung des Gesamtprozesskostensatzes (vgl. S. 82)

lmi-Kosten:	26 500 DM : 13 250 Prozesse =	2,00 DM / Prozess
lmn-Kosten:	2 650 DM : 13 250 Prozesse =	0,20 DM / Prozess
Gesamtprozesskostensatz		**2,20 DM / Prozess**

2. Schritt: Ermittlung des Gesamtprozesskostensatzes / Stück (vgl. S. 85)

$\dfrac{2,20 \text{ DM / Prozess } \times 1\ 000 \text{ Artikel}}{100\ 000 \text{ Stück (A)}}$	= 0,0220 DM / Stück

3. Schritt: Differenzierung der Prozesskosten nach Abbaubarkeit

lmi-Kosten

Von den 26 500 DM sind:

$\leq$ 6 Monate abbaubar

Personalkosten	24 000 DM

nur > 6 Monate $\leq$ 1 Jahr abbaubar

Personalkosten	2 500 DM

Imn-Kosten

> 6 Monate ≤ 1 Jahr abbaubar

Personalkosten	2 650 DM

4. Schritt: Differenzierung der Prozesskostensätze / Stück nach Abbaubarkeit

≤ 6 Monate abbaubar

24 000 DM : 13 250 Prozesse =	1,8113 DM / Prozess
$\dfrac{1{,}8113 \text{ DM / Prozess} \times 1\ 000 \text{ Paletten}}{100\ 000 \text{ Stück (A)}}$	= 0,0181 DM / Stück

nur > 6 Monate ≤ 1 Jahr abbaubar

5 150 DM : 13 250 Prozesse =	0,3887 DM / Prozess
$\dfrac{0{,}3887 \text{ DM / Prozess} \times 1\ 000 \text{ Artikel}}{100\ 000 \text{ Stück (A)}}$	= 0,0039 DM / Stück

5. Schritt: Zusammenstellung der Ergebnisse

Prozesskostensatz /Stück	0,0220 DM / Stück
davon ≤ 6 Monate abbaubar	0,0181 DM / Stück

davon ≤ 1 Jahr abbaubar
 	
     0,0181 DM / Stück
  +   0,0039 DM / Stück
  =   0,0220 DM / Stück
	
	0,0220 DM / Stück

Die Stückkostenkalkulation sieht dann wie folgt aus:

	A (DM/St.)	B (DM/St.)	C (DM/St.)	D (DM/St.)
variable Einzelkosten	10,0000	12,0000	9,0000	1,5000
variable Gemeinkosten ohne Prozesskosten (vgl. S. 87) $$\frac{\text{Rest-Gemeinkosten}}{\text{Stückzahl / Variante}}$$ A: 99 800 DM : 100 000 Stück = 0,9980 DM / Stück	0,9980			
B: 179 800 DM : 150 000 Stück = 1,1987 DM / Stück		1,1987		
C: 161 800 DM : 180 000 Stück = 0,8989 DM / Stück			0,8989	
D: 17 800 DM : 120 000 Stück = 0,1483 DM / Stück				0,1483
Fixe Kosten ohne Prozesskosten (vgl. S. 88) **1) Ermittlung des Zuschlagssatzes** $$ZS = \frac{\text{Rest-Fixkosten}}{\text{gesamte variable Kosten}}$$				

	A (DM/St.)	B (DM/St.)	C (DM/St.)	D (DM/St.)
$$ZS = \frac{818\ 300\ \text{DM}}{4\ 600\ 000\ \text{DM} + 460\ 000\ \text{DM}}$$ $$= \quad 0{,}16171936758 \text{ bzw.}$$ $$0{,}1617 \text{ bzw. } 16{,}17\%$$ **2) Verteilung auf die Varianten** Fixkosten / Variante = %-Satz x variable Kosten / Variante A: 0,1617... x 1 100 000 DM = 177 891 DM B: 0,1617... x 1 980 000 DM = 320 205 DM C: 0,1617... x 1 782 000 DM = 288 184 DM D: 0,1617... x 198 000 DM = 32 020 DM **3) Verteilung auf das Stück** DM / Stück = $\dfrac{\text{Fixkosten / Variante}}{\text{Stückzahl / Variante}}$ A: 177 891 DM : 100 000 Stück = 1,7789 DM / Stück				
	1,7789			

	A (DM/St.)	B (DM/St.)	C (DM/St.)	D (DM/St.)
B: 320 205 DM : 150 000 Stück = 2,1347 DM / Stück		2,1347		
C: 288 184 DM : 180 000 Stück = 1,6010 DM / Stück			1,6010	
D: 32 020 DM : 120 000 Stück = 0,2668 DM / Stück				0,2668

4) Differenzierung nach Abbaubarkeit

a) Abbaubarkeit $\leq$ 6 Monate

1. Ermittlung des Zuschlagssatzes (ZS)

$$ZS = \frac{190\ 000\ DM}{4\ 600\ 000\ DM + 460\ 000\ DM}$$

$$= \quad 0,03754940711 \text{ bzw.}$$
$$0,0375 \text{ bzw. } 3,75\%$$

2. Verteilung auf die Varianten

Fixkosten $\leq$ 6 Mon. / Variante =
%-Satz x variable Kosten / Variante

A: 0,0375... x 1 100 000 DM =
    41 304 DM

B: 0,0375... x 1 980 000 DM =
    74 348 DM

	A (DM/St.)	B (DM/St.)	C (DM/St.)	D (DM/St.)
C: 0,0375... x 1 782 000 DM = 66 913 DM				
D: 0,0375... x 198 000 DM = 7 435 DM				
3. Verteilung auf das Stück				
DM / Stück =				
$$\frac{\text{Fixkosten} \leq 6 \text{ Mon. abbaubar / Variante}}{\text{Stückzahl / Variante}}$$				
A: 41 304 DM : 100 000 Stück = 0,4130 DM / Stück	davon $\leq$ 6 Mon. abbaub. 0,4130			
B: 74 348 DM : 150 000 Stück = 0,4957 DM / Stück		davon $\leq$ 6 Mon. abbaub. 0,4957		
C: 66 913 DM : 180 000 Stück = 0,3717 DM / Stück DM			davon $\leq$ 6 Mon. abbaub. 0,3717	
D: 7 435 DM : 120 000 Stück = 0,0620 DM / Stück				davon $\leq$ 6 Mon. abbaub. 0,0620
b) Abbaubarkeit nur > 6 Monate $\leq$ 1 Jahr				
1. Ermittlung des Zuschlagssatzes				
$$ZS = \frac{354\,800 \text{ DM}}{4\,600\,000 \text{ DM} + 460\,000 \text{ DM}}$$				

	A (DM/St.)	B (DM/St.)	C (DM/St.)	D (DM/St.)
= 0,07011857707 bzw. 0,0701 bzw. 7,01%				

2. Verteilung auf die Varianten

A: 0,0701... x 1 100 000 DM =
    77 130 DM

B: 0,0701... x 1 980 000 DM =
    138 835 DM

C: 0,0701... x 1 782 000 DM =
    124 951 DM

D: 0,0701... x   198 000 DM =
    13 884 DM

3. Verteilung auf das Stück

A: 77 130 DM : 100 000 Stück =
    0,7713 DM / Stück

B: 138 835 DM : 150 000 Stück =
    0,9256 DM / Stück

C: 124 951 DM : 180 000 Stück =
    0,6942 DM / Stück

D: 13 884 DM : 120 000 Stück =
    0,1157 DM / Stück

	A (DM/St.)	B (DM/St.)	C (DM/St.)	D (DM/St.)
c) Abbaubarkeit ≤ 1 Jahr				
A: 0,4130 DM / Stück + 0,7713 DM / Stück = 1,1843 DM / Stück	davon ≤ 1 Jahr abbaub. 1,1843			
B: 0,4957 DM / Stück + 0,9256 DM / Stück = 1,4213 DM / Stück		davon ≤ 1 Jahr abbaub. 1,4213		
C: 0,3717 DM / Stück + 0,6942 DM / Stück = 1,0659 DM / Stück			davon ≤ 1 Jahr abbaub. 1,0659	
D: 0,0620 DM / Stück + 0,1157 DM / Stück = 0,1777 DM / Stück				davon ≤ 1 Jahr abbaub. 0,1777
d) Abbaubarkeit nur > 1 Jahr				
1. Ermittlung des Zuschlagssatzes				

$$ZS = \frac{273\ 500\ DM}{4\ 600\ 000\ DM + 460\ 000\ DM}$$

=   0,05405138339 bzw.

       0,0541 bzw. 5,41%

2. Verteilung auf die Varianten

A: 0,0541... x 1 100 000 DM =

    59 457 DM

	A (DM/St.)	B (DM/St.)	C (DM/St.)	D (DM/St.)
B: 0,0541... x 1 980 000 DM = 107 022 DM				
C: 0,0541... x 1 782 000 DM = 96 319 DM				
D: 0,0541... x 198 000 DM = 10 702 DM				
3. Verteilung auf das Stück				
A: 59 457 DM : 100 000 Stück = 0,5946 DM / Stück				
B: 107 022 DM : 150 000 Stück = 0,7135 DM / Stück				
C: 96 319 DM : 180 000 Stück = 0,5351 DM / Stück				
D: 10 702 DM : 120 000 Stück = 0,0892 DM / Stück				
e) Abbaubarkeit > 1 Jahr				

A: 1,1843 DM / Stück
     + 0,5946 DM / Stück
     = 1,7789 DM / Stück
	davon >
	1 Jahr
	abbaub.
	1,7789			

	A (DM/St.)	B (DM/St.)	C (DM/St.)	D (DM/St.)
B: 1,4213 DM / Stück		davon > 1 Jahr abbaub. 2,1347		
+ 0,7135 DM / Stück				
= 2,1348 bzw. 2,1347 DM / Stück				
(Rundungsdifferenz)				
C: 1,0659 DM / Stück			davon > 1 Jahr abbaub. 1,6010	
+ 0,5351 DM / Stück				
= 1,6010 DM / Stück				
D: 0,1777 DM / Stück				davon > 1 Jahr abbaub. 0,2668
+ 0,0892 DM / Stück				
= 0,2669 bzw. 0,2668 DM / Stück				
(Rundungsdifferenz)				
Prozesskosten (vgl. S. 85 - 86)				
Teilprozess (1):				
Paletten mit Gabelstapler entladen				
Satz / Stück	0,1271	0,1129	0,0471	0,0353
	davon ≤ 6 Mon. abbaub. 0,1104	davon ≤ 6 Mon. abbaub. 0,0981	davon ≤ 6 Mon. abbaub. 0,0409	davon ≤ 6 Mon. abbaub. 0,0307
	davon ≤ 1 Jahr abbaub. 0,1226	davon ≤ 1 Jahr abbaub. 0,1089	davon ≤ 1 Jahr abbaub. 0,0454	davon ≤ 1 Jahr abbaub. 0,0341
	davon > 1 Jahr abbaub. 0,1271	davon > 1 Jahr abbaub. 0,1129	davon > 1 Jahr abbaub. 0,0471	davon > 1 Jahr abbaub. 0,0353

	A (DM/St.)	B (DM/St.)	C (DM/St.)	D (DM/St.)
Teilprozess (2): Manuelle Warenerfassung Satz / Stück	0,0220	0,0623	0,0611	0,0550
	davon ≤ 6 Mon. abbaub. 0,0181	davon ≤ 6 Mon. abbaub. 0,0513	davon ≤ 6 Mon. abbaub. 0,0503	davon ≤ 6 Mon. abbaub. 0,0453
	davon ≤ 1 Jahr abbaub. 0,0220	davon ≤ 1 Jahr abbaub. 0,0623	davon ≤ 1 Jahr abbaub. 0,0611	davon ≤ 1 Jahr abbaub. 0,0550
Teilprozess (3): Stichprobenweise Kontrolle Satz / Stück	0,0110	0,0183	0,0290	0,0160
	davon ≤ 6 Mon. abbaub. ———	davon ≤ 6 Mon. abbaub. ———	davon ≤ 6 Mon. abbaub. ———	davon ≤ 6 Mon. abbaub. ———
	davon ≤ 1 Jahr abbaub. 0,0110	davon ≤ 1 Jahr abbaub. 0,0183	davon ≤ 1 Jahr abbaub. 0,0290	davon ≤ 1 Jahr abbaub. 0,0160
Summe der Kosten / Stück	12,9370	15,5269	11,6371	2,0214

Summe der Kosten:

Variante A	12,9370 DM / Stück x 100 000 Stück =	1 293 696,30 DM
Variante B	15,5269 DM / Stück x 150 000 Stück =	2 329 044,35 DM
Variante C	11,6371 DM / Stück x 180 000 Stück =	2 094 678,91 DM
Variante D	2,0214 DM / Stück x 120 000 Stück =	242 580,44 DM
Summe		**5 960 000,00 DM**

Probe:

	Einzelkosten	4 600 000,00 DM
+	variable Gemeinkosten	460 000,00 DM
+	fixe Gemeinkosten	900 000,00 DM
=	**Summe**	**5 960 000,00 DM**

Kritische Würdigung

Der Vorteil dieser Kalkulation liegt insbesondere darin, dass die Informationen über die Inanspruchnahme der indirekten Bereiche durch die Kostenträger und die daraus resultierenden Kosten mit Informationen zur Abbaubarkeit der fixen Gemeinkosten verbunden werden. Diese Transparenz ist vor allem für Überlegungen zu den Preisuntergrenzen der Produkte bzw. zur Preisbeurteilung von Bedeutung.

Kritisch kann man vor allem anmerken, dass die Fixkosten in der Kalkulation proportionalisiert werden - ein Kernproblem, das wie in der traditionellen Vollkostenrechnung zu Fehlentscheidungen führen kann (vgl. dazu 1.1 Von der Kostenrechnung zum strategischen Kostenmanagement). Vor diesem Hintergrund ist auch die Diskussion müssig, ob die Verteilung der Fixkosten ohne Prozesskosten auf der Basis der gesamten variablen Kosten oder auf der Basis der (variablen) Einzelkosten plus der variablen Gemeinkosten ohne Prozesskosten oder allein auf der Basis der (variablen) Einzelkosten erfolgen sollte (vgl. S. 95). Reichmann / Fröhling halten der Kritik entgegen, dass das Problem der Fixkostenproportionalisierung bei der Zielsetzung eines stückbezogenen Vollkostenausweises durch keine Kostenrechnungsmethodik gelöst werden kann (vgl. Reichmann / Fröhling, 1993, S. 70).

2.3 Target Costing

2.3.1 Grundidee

Target Costing ist ein marktorientiertes Konzept zur Kostenplanung, -steuerung und -kontrolle. Es wird vor allem von Unternehmen angewendet, die auf wettbewerbsintensiven Märkten (z.B. den High-Tech-Märkten) Produkte mit kurzen Lebenszyklen anbieten. Das Konzept stammt aus Japan. Hintergrund der Entwicklung war der Verlust der Wettbewerbsfähigkeit japanischer Unternehmen Mitte der 70´iger Jahre, d.h. das Target Costing wurde entwickelt, um die Wettbewerbsfähigkeit und die Gewinnsituation japanischer Unternehmen wieder zu festigen. Um das zu erreichen, wurden als Zielgrösse die **Stückkosten der Produkte** festgelegt, d.h. mit Hilfe des Target Costing sollen die Stückkosten der Produkte gesenkt werden. Beim Target Costing handelt es sich also um einen Ansatz des produktbezogenen Kostenmanagement.

Ausgangspunkt zur Reduktion der Stückkosten war die Umkehr der bisher im Rahmen der traditionellen Kostenrechnung üblichen Frage

---

Was **wird** ein Produkt kosten?

---

in die Frage

Was **darf** ein Produkt kosten?

Die Frage, was ein Produkt kosten darf, kann mit unterschiedlichen Methoden beantwortet werden, z.B.

❋ Out of Competitor

Das Produkt darf nur soviel kosten, wie bei der Konkurrenz.

❋ Out of Standard Costs

Das Produkt darf nur soviel kosten, wie sich aus den Istkosten bestehender Produkte unter Beachtung von Konstruktionsänderungen und Kostensenkungspotentialen im Produktionsprozess ableiten lässt.

Für das stark marktorientierte Target Costing ist jedoch vor allem folgende Methode relevant und wird hier weiter verfolgt:

❋ Market into Company

Bei dieser Methode wird die Frage, was ein Produkt kosten darf, durch folgendes Schlüsselkonzept beantwortet.

2.3.2 Schlüsselkonzept

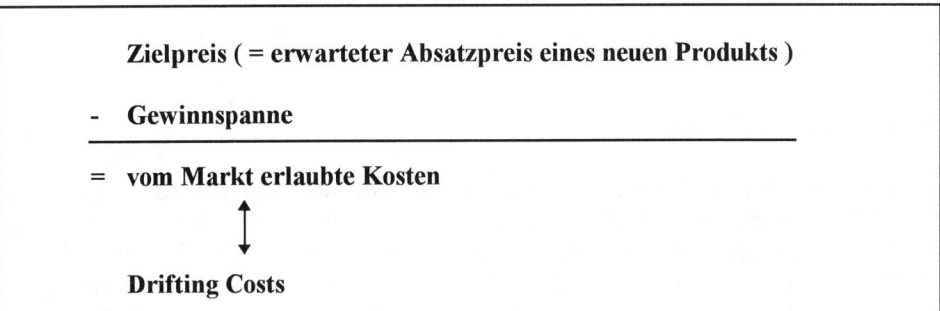

Abb. 12: Schlüsselkonzept des Target Costing

Erläuterungen des Schlüsselkonzepts:

❋ Für ein neues Produkt mit festgelegter Qualität wird der Zielpreis, d.h. der erwartete Absatzpreis, unter Beachtung von Marktforschungen und Konkurrenzanalysen festgelegt.

❋ Von diesem Zielpreis wird die angestrebte Gewinnspanne abgezogen. Sie bemisst sich in der Regel nach der geplanten Umsatzrendite.

❋ Der Saldo sind die vom Markt erlaubten (Stück-) Kosten, die nicht überschritten werden dürfen, wenn der angestrebte Erfolg realisiert werden soll.

❋ Die vom Markt erlaubten (Stück-)Kosten werden mit den sogenannten Drifting Costs verglichen. Unter den Drifting Costs versteht man die Kosten, die das neue Produkt unter Beibehaltung bestehender Technologien und Prozesse voraussichtlich verursachen wird.

❋ Die Definition der Zielkosten, d.h. die geplante Obergrenze der (Stück-)Kosten des Produkts, ist in diesem Konzept nicht ganz einheitlich. Horvath und Nissan verstehen unter den Zielkosten die vom Markt erlaubten Kosten. Dafür spricht unter anderem, dass die vom Markt erlaubten Kosten - weil sozusagen "objektiv" durch den Markt begründbar - die Akzeptanz der Vorgabe erhöht. Andere, z.B. Toyota, verstehen unter den Zielkosten die Differenz zwischen den Drifting Costs und den vom Markt erlaubten Kosten, d.h. sie verstehen unter den Zielkosten die Vorgabe für die Kostensenkung. Wenn man nach dem Vergleich der Drifting Costs und den vom Markt erlaubten Kosten nicht glaubt, dass man das neue Produkt tatsächlich zu den erlaubten Kosten herstellen kann - anders ausgedrückt, wenn man das realistische Kostensenkungspotential kleiner einschätzt als die Differenz zwischen den Drifting Costs und den erlaubten Kosten - dann schlagen wieder andere Autoren (z.B. Sakurai) vor, als Zielkosten die Kosten vorzugeben, die sich nach Abzug des realistischen Kostensenkungspotentials von den Drifting Costs ergeben. In diesem Fall liegen die Zielkosten über den vom Markt erlaubten Kosten. Im Folgenden wird davon ausgegangen, dass die Zielkosten gleich den vom Markt erlaubten Kosten sind.

Charakteristik der Zielkosten

▓ Lebensphasenbezug

Die Zielkosten sind auf die gesamte Lebensphase des Produkts bezogen, d.h. sie umfassen alle Kosten des Produkts von den Entwicklungskosten bis hin zu den Entsorgungskosten. Dadurch ergibt sich die Schnittstelle zum Product Lifecycle Costing (vgl. dazu 2.4 Product Lifecycle Costing). Im Gegensatz zu anderen Kostenrechnungen setzen also die kostenrechnerischen Überlegungen im Target Costing schon in den frühen Phasen der Produktentstehung an. Dahinter steht die Erkenntnis, dass in der Entwicklungs- bzw. Konstruktionsphase die meisten Kosten eines Produkts (bis zu 70% - 80%) festgelegt werden, d.h. hier noch beeinflussbar sind - oder umgekehrt, dass ab dem Produktionsstart nur noch wenige Kosten festgelegt bzw. beeinflusst werden können. Beispiele für Beeinflussungsmöglichkeiten von Kosten in der Entwicklungs- und Konstruktionsphase sind:

– Wahl zwischen Eigenfertigung und Fremdbezug von Produktkomponenten,

– Bestimmung des Fertigungsverfahrens,

– Festlegung des Materialeinsatzes,

– Einsatz von Einheitsbaugruppen und Normteilen,

– Reduktion der Teilevielfalt (Senkung der Prozesssteuerungskosten),

– Vermeidung von Entsorgungskosten durch produktintegrierten Umweltschutz.

Es ist also nur folgerichtig, dass ein Konzept, das der Kostenplanung und -steuerung dienen will, so früh wie möglich ansetzt und Target Costing tut das eben, indem es die Zielkosten eines Produkts schon vor der Entwicklungs- und Konstruktionsphase vorgibt. Das erklärt auch, warum im Schlüsselkonzept als Zielpreis der erwartete Absatzpreis eines **neuen** Produkts vorgesehen ist. Der Ansatz des Target

Costing gewinnt natürlich um so mehr an Bedeutung, als ein Unternehmen neue Modelle und Produkte auf den Markt bringt.

❈ Vollkosten

Bei den Zielkosten und dementsprechend auch bei den Drifting Costs handelt es sich i.d.R. um Vollkosten, d.h. sie setzen sich zusammen aus:

- den Einzelkosten des Produkts (Materialeinzelkosten und Fertigungseinzelkosten),

- den produktnahen Gemeinkosten (z.B. im Material- und Logistikbereich), die man mit Hilfe direkter Bezugsgrössen oder über Prozesse zuordnen kann,

- den produktfernen Gemeinkosten (z.B. Verwaltungskosten), die dem Produkt angelastet werden.

2.3.3 Zielkostenspaltung

Die Zielkosten eines Produkts sind eine globale Grösse, die

❈ sich auf die gesamte Lebensdauer des Produkts beziehen (von den Entwicklungskosten über die Produktions- und Marktbearbeitungskosten bis hin zu den Entsorgungskosten),

❈ sich auf alle Komponenten des Produkts beziehen,

❈ durch die unterschiedlichsten Personen und Teams beeinflusst werden.

Um das Erreichen dieser globalen Zielgrösse sicherzustellen, muss sie weiter differenziert werden. In der Literatur wird dazu häufig die Spaltung der Zielkosten nach den Produktkomponenten vorgeschlagen, um die Entwicklung der Zielkosten komponentenweise überwachen zu können. Dabei ergibt sich jedoch öfter ein Problem daraus, dass in den Zielkosten Kostenarten enthalten sind, die sich nicht sinnvoll auf die Produktkomponenten aufteilen lassen. Das ist z.B. bei den Vertriebskosten der Fall, weil sich die Vertriebskosten nicht auf einzelne Produktkomponenten, sondern auf alle Komponenten gemeinsam beziehen - denn es werden ja nicht die einzelnen Komponenten vertrieben, sondern das ganze Produkt. Dieser Problematik kann man begegnen, indem man im

❈ ersten Schritt

die Budgets solcher Gemeinkostenbereiche von den Zielkosten subtrahiert, deren Kosten nicht sinnvoll komponentenweise gespalten werden können. Als Residuum ergeben sich die **Zielkosten für die Herstellung i.e.S.**. Diese werden dann im

❋ zweiten Schritt

auf der Grundlage von Kundenpräferenzen komponentenweise aufgespalten.

Die komponentenweise Zielkostenspaltung vollzieht sich in vier Schritten:

1. Schritt:

Jeder Kunde stellt an ein Produkt Erwartungen. Diese Erwartungen werden von den Produkten mehr oder weniger gut dadurch erfüllt, dass das Produkt verschiedene Funktionen ausübt. So übt z.B. ein Auto die Funktionen

- Qualität / Zuverlässigkeit,
- Fahreigenschaften,
- Raumangebot,
- Insassensicherheit,
- Bedienung,
- Preiswürdigkeit etc.

aus, um die Kundenerwartungen zu befriedigen. Der erste Schritt der Zielkostenspaltung besteht nun darin, alle Funktionen eines Produktes zu erfassen. Anschliessend werden potentielle Kunden gefragt, wie wichtig ihnen die einzelnen Funktionen sind. Anders ausgedrückt: Die Funktionen werden gewichtet. So könnte die Befragung der Probanden z.B. ergeben haben, dass ihnen die Funktion „Qualität / Zuverlässigkeit" etwa doppelt soviel Wert ist, wie die Funktion „Fahreigenschaften". In dem Fall bekommt die Funktion „Qualität / Zuverlässigkeit" ein doppelt so hohes Gewicht zugeordnet, wie die Funktion „Fahreigenschaften". Alle Funktionen zusammen haben das Gewicht 1 oder 100%, weil alle Funktionen zusammen die Leistungen des Produkts zu 100% erfüllen.

Beispiel (in Anlehnung an Deisenhofer 1993, S. 103 - 105):

Funktionen		Gewicht
F_1	Qualität / Zuverlässigkeit	0,2
F_2	Fahreigenschaften	0,1
F_3	Raumangebot	0,05
$F_4 - F_{16}$	diverse	0,65
Summe		1,00

Nun sind die Funktionen des Produkts gewichtet, aber es ist noch keine Verbindung zu den Produktkomponenten hergestellt, auf die die Zielkosten ja schliesslich verteilt werden sollen. Unter den Produktkomponenten versteht man Baugruppen oder Teile des Produkts, die die Funktionen ausüben. Manche Funktionen werden durch mehrere Produktkomponenten ausgeübt, andere nur durch eine Produktkomponente. So braucht man z.B. die Produktkomponenten „Elektrik", „Karosserie", „Fahrwerk" etc., damit ein Auto die oben genannten Funktionen ausüben kann. Die Komponenten werden mit den Funktionen verknüpft, indem man für jede Komponente festlegt, in welchem Ausmass sie zur Erfüllung der Funktionen beiträgt. Die Festlegung kann z.B. ergeben, dass die Komponente „Elektrik" zur Funktion „Qualität / Zuverlässigkeit" im Ausmass von 20% beiträgt. Die Summe der Prozente muss bei jeder Funktion 100% ergeben, weil die Komponenten insgesamt jede Funktion zu 100% erfüllen. Für das Beispiel ergibt sich im Einzelnen:

Komponenten	F_1	F_2	F_3	$F_4 - F_{16}$
K_1: Elektrik	0,2	0,1	0,05	0,15
K_2: Karosserie	0,3	0,1	0,6	0,2
$K_3 - K_5$: andere	0,5	0,8	0,35	:
Summe	1,0	1,0	1,0	:

2. Schritt: Ermittlung der Bedeutung der Produktkomponenten

Wenn man nun für jede Komponente

- das Ausmass, mit dem sie eine Funktion erfüllt,

- mit der Bedeutung der Funktion multipliziert,

- und über die Funktionen summiert,

dann ergibt sich die Bedeutung der Komponente an diesem Produkt. Die Bedeutung der Komponenten ist wichtig, weil sie den Schlüssel für die Verteilung der Zielkosten auf die Produktkomponenten darstellen.

Beispiel:

	F_1	F_2	F_3	F_4 - F_{16}	Summe = Bedeutung
K_1	0,2 x 0,2 = 0,04	0,1 x 0,1 = 0,01	0,05 x 0,05 = 0,0025	0,15 x 0,65 = 0,0975	**0,15**
K_2	0,3 x 0,2 = 0,06	0,1 x 0,1 = 0,01	0,6 x 0,05 = 0,03	0,2 x 0,65 = 0,13	**0,23**
:					:
Summe					**1,0**

3. Schritt: Spaltung / Verteilung der Zielkosten

Die Zielkosten werden entsprechend der Bedeutung der Produktkomponenten verteilt. Geht man für das Beispiel davon aus, dass die Zielkosten 50 000 DM betragen, ergeben sich für die Komponenten K_1 und K_2 folgende Zielkostenanteile:

	Zielkosten x Bedeutung =	**Zielkostenanteil**
K_1	50 000 DM x 0,15 =	7 500 DM
K_2	50 000 DM x 0,23 =	11 500 DM
:		:
Summe		50 000 DM

4. Schritt: Komponentenweiser Vergleich der Drifting Costs und der Zielkostenanteile

Schliesslich erfolgt der komponentenweise Vergleich der Zielkostenanteile mit den Drifting Costs, um festzustellen, bei welchen Komponenten Kostenüber- bzw. Kostenunterschreitungen vorliegen. Für das Beispiel werden folgende Annahmen über die Drifting Costs gemacht:

	absoluter Anteil an den Drifting Costs	relativer Anteil an den Drifting Costs
K_1	5 400 DM	0,09
K_2	18 000 DM	0,30
$K_3 - K_5$	:	:
Summe Drifting Costs-Anteile	60 000 DM	1,00

Der Vergleich der komponentenbezogenen Zielkostenanteile und der Drifting Costs zeigt, dass der Komponente K_1 eine höhere Kundeneinschätzung zukommt, als es ihrem Kostenanteil entspricht - sie darf 7 500 DM kosten, ihre derzeitigen Drifting Costs liegen aber nur bei 5 400 DM. Hier besteht ein Spielraum für Funktionsverbesserungen. Die Ausnutzung dieses Verbesserungsspielraums wirkt sich positiv auf die Leistung des Produkts insgesamt aus und stellt daher einen Produktvorteil dar, der den Kunden kommuniziert werden kann und von ihnen voraussichtlich auch honoriert wird. Hilfsweise kann man auch auf Funktionsverbesserungen verzichten und dieser Komponente eine Ausgleichsfunktion zuschreiben, wenn sich abzeichnet, dass sich die Zielkostenanteile anderer Komponenten nicht realisieren lassen. In diesem Fall besteht die Möglichkeit, dass sich die Zielkosten - wenn schon nicht komponentenweise, so doch gesamtproduktbezogen - realisieren lassen. Das ist aber nicht optimal, weil damit der Spielraum für die Funktionsverbesserungen verschenkt wird.

Dagegen sind die Kosten der Komponente K_2 aus der Sicht der Kunden zu hoch. Ihre Drifting Costs liegen mit 18 000 DM (0,3) über dem Zielkostenanteil in Höhe von 11 500 DM (0,23). Infolgedessen müssten hier die für die Zielkosten Verantwortlichen prüfen, welche Kostensenkungsmassnahmen möglich sind. Z.B. könnte man prüfen, ob ein Wechsel zwischen Eigenfertigung und Fremdbezug bei der Komponente die Kosten der Komponente verringern kann.

2.3.4   Integration von Target Costing und Prozesskostenrechnung

In der Literatur setzt sich zunehmend die Meinung durch, dass Target Costing mit der Prozesskostenrechnung kombiniert werden sollte, d.h. dass die Drifting Costs nach der Prozesskostenrechnung ermittelt werden sollten. Wie eine solche Integration von Target Costing und Prozesskostenrechnung aussehen kann, zeigt die Fallstudie IV.

Fallstudie IV: Kombination von Target Costing und Prozesskostenrechnung

(Die Daten des Target Costing sind eng angelehnt an Müller / Wolbold, 1993)

Einem Unternehmen der Elektroindustrie liegt eine Anfrage einer Grossbank über eine Variante eines Belegerfassungssystems vor, das die Bank zur Belegerkennung und -verarbeitung einsetzen will. Das Unternehmen überlegt, die neue Variante in einer Grössenordnung von 40 Stück / Jahr am Markt einzuführen. Der erwartete Absatzpreis beträgt 70 000 DM / Stück. Im Rahmen seines Kostenmanagement betreibt das Elektro-Unternehmen Target Costing. Die geplante Umsatzrendite beträgt 10%.

Die Funktionen des Systems und ihre Bedeutung (Gewichte) für die Kunden können folgender Tabelle entnommen werden:

Funktionen		Bedeutung (Gewicht)
F_1:	Belege aufnehmen	0,05
F_2:	Belege vereinzeln	0,12
F_3:	Verarbeitungsgeschwindigkeit	0,07
F_4:	Felder erkennen	0,112
F_5:	Aufschrift erkennen	0,12
:		

Funktionen	Bedeutung (Gewicht)
F_6: Belege codieren	0,04
F_7: Ablauf steuern	0,08
F_8 - F_{14}: übrige Funktionen	0,408
Summe	**1,00**

Zur Ausübung der Funktionen tragen folgende Produktkomponenten in folgendem Ausmass bei:

Funktionen / Komponenten	F_1:	F_2:	F_3:	F_4:	F_5:	F_6:	F_7:	F_8 - F_{14}:
K_1: Belegaufnahme	0,86	1,00	0,33					
K_2: Bedienfeld	0,14						0,47	
K_3: Erkenungsmodul			0,13	0,65	1,00	0,44		
K_4 - K_7: übrige Komponenten			0,54	0,35		0,56	0,53	7,00
Summe	1,00	1,00	1,00	1,00	1,00	1,00	1,00	7,00

Die Drifting Costs der Produktkomponenten werden auf der Basis des aktuellen Entwicklungsentwurfs des Belegerfassungssystems unter Zuhilfenahme der Prozesskostenrechnung kalkuliert. Im Einzelnen ist von folgenden Daten auszugehen:

▨ Das Unternehmen montiert das Belegsystem in der Losgrösse 5 in 3 Fertigungsstufen. Die reinen Montageeinzelkosten betragen 2 770 DM. Die sieben Komponenten werden montagelosbezogen aus dem Lager kommissioniert.

▨ Die Komponenten K_1 und K_2 werden von verschiedenen Lieferanten viermal im Jahr in der Losgrösse 10 fremdbezogen und eingelagert. Die Stückkosten betragen:

K_1	8 000 DM
K_2	3 000 DM

▨ Die Komponente K_3 wird in der Losgrösse 10 in 5 Fertigungsstufen eigengefertigt. Für jede Komponente sind 10 verschiedene Fremdbezugsteile erforderlich, die losbezogen aus dem Lager kommissioniert werden. Die Fremdbezugsteile werden jeweils in der Losgrösse 40 zum durchschnittlichen Stückpreis von 500 DM einmal im Jahr von einem Lieferanten beschafft und eingelagert. Die reinen Fertigungskosten für die eigengefertigte Komponente betragen 4 000 DM.

▨ Auszug aus der Prozesskostenstellenrechnung:

HP	Hauptprozess	Kostentreiber	Gesamtprozess-kostensatz
1	Fremdteile beschaffen	Anzahl Bestellungen	100 DM
2	Lagerverwaltung	Zahl der Stücklistenpositionen	20 DM
3	Montage- / Fertigungsauftragssteuerung	Zahl der Fertigungsstufen	50 DM
4	Varianten einführen	Anzahl Varianten	4 000 DM
5	Varianten betreuen	Anzahl Varianten	2 000 DM
6	Lieferanten betreuen	Anzahl der Lieferanten	4 000 DM
7	Auftragsabwicklung Inland	Anzahl Aufträge	300 DM

Nachfolgend werden die Zielkosten des Belegsystems insgesamt und die Zielkostenanteile sowie die Drifting Costs der Produktkomponenten K_1, K_2 und K_3 bestimmt. Anschliessend werden die Komponenten danach klassifiziert, ob bei ihnen aus der Sicht des Target Costing ein Kostensenkungsbedarf oder ein Spielraum für Funktionsverbesserungen besteht.

1. Ermittlung der Zielkosten des Belegerfassungssystems

	Zielpreis	70 000 DM
-	10 % Umsatzrendite	7 000 DM
=	Zielkosten	63 000 DM

Die Zielkosten lassen sich nicht in voller Höhe auf die Komponenten aufspalten, weil in ihnen auch solche Kosten enthalten sind, die für alle Komponenten gemeinsam entstehen. Diese Kosten werden vor der Spaltung von den Zielkosten abgesetzt (budgetiert) und ihre Einhaltung separat verfolgt. Im vorliegenden Fall gehören dazu:

※ Die Montageeinzelkosten, weil sie für das Zusammenfügen aller Komponenten anfallen.

※ Die Prozesskosten des Hauptprozesses 3: „Montageauftragssteuerung", weil die Montage aller Komponenten gesteuert wird.

※ Die Prozesskosten des Hauptprozesses 4: „Varianten einführen" und des Hauptprozesses 5: „Varianten betreuen", weil sich diese Kosten auf die Varianten und die ihnen zugehörigen Stückzahlen, nicht aber auf die Produktkomponenten beziehen.

※ Die Prozesskosten für die Kommissionierung des Kundenauftrags (Hauptprozess 2) und die Prozesskosten des Hauptprozesses 7: „Auftragsabwicklung Inland", weil nicht einzelne Produktkomponenten, sondern das Endprodukt kommissioniert bzw. vertrieben wird.

Dementsprechend sieht die Rechnung wie folgt aus:

Zielkosten	63 000 DM
- Montageeinzelkosten	2 770 DM
- Prozesskosten für die Montage des Endprodukts (HP 3) 3 Fertigungsstufen x 50 DM / Stufe = 150 DM 150 DM : 5 (Losgrösse Endprodukt) = 30 DM	30 DM
- Prozesskosten HP 5: „Varianten einführen" 4 000 DM / Variante : 40 Stück / Variante = 100 DM / Stück	100 DM
- Prozesskosten HP 6: „Varianten betreuen" 2 000 DM / Variante : 40 Stück / Variante = 50 DM / Stück	50 DM
- Prozesskosten HP 2 für die Kundenauftragskommissionierung Es wird davon ausgegangen, dass die Kundenaufträge jeweils nur ein Belegerfassungssystem umfassen. → 1 Position = 20 DM	20 DM
- Prozesskosten HP 7: „Auftragsabwicklung Inland" → 1 Auftrag mit einem Belegerfassungssystem = 30 DM	30 DM
= **Zielkosten i.e.S.**	**60 000 DM**

2) Zielkostenspaltung

a) Ermittlung der Bedeutung der Komponenten (= Verteilungsschlüssel für die Ziel-kosten)

	F_1:	F_2:	F_3:	F_4:	F_5:	F_6:	F_7:	F_{8-14}:	Σ
K_1	0,86 x 0,05 = 0,0430	1,00 x 0,12 = 0,1200	0,33 x 0,07 = 0,0231						0,1861
K_2	0,14 x 0,05 = 0,0070						0,47 x 0,08 = 0,0376		0,0446
K_3			0,13 x 0,07 = 0,0091	0,65 x 0,112= 0,0728	1,00 x 0,12 = 0,1200	0,44 x 0,04 = 0,0176			0,2195
K_{4-7}									:
Σ									**1,0000**

b) Ermittlung der Zielkostenanteile der Komponenten K_1, K_2 und K_3

Komponenten	Zielkosten i.e.S. x Bedeutung =	Zielkostenanteil i.e.S.
K_1:	60 000 DM x 0,1861 =	11 166 DM
K_2:	60 000 DM x 0,0446 =	2 676 DM
K_3:	60 000 DM x 0,2195 =	13 170 DM
:		:
Summe		60 000 DM

3) Ermittlung der Drifting Costs der Komponenten K_1, K_2 und K_3

	K_1 (DM)	K_2 (DM)	K_3 (DM)
Komponenten / Stückpreis	8 000	3 000	
+ **Fremdbezugsteile / Stückpreis** 500 DM / Stück x 10 Stück = 5 000 DM			5 000
+ **Fertigungseinzelkosten**			4 000
+ **Beschaffungsprozesskosten (HP 1)** 100 DM / Best. : 10 K_1 / Best. = 10 DM / K_1 100 DM / Best. : 10 K_2 / Best. = 10 DM / K_2 100 DM / Best. : 40 Fremdbezugsteile / Best. = 2,50 DM / Fremdbezugsteil Bedarf für 1 K_3: 10 Fremdbezugsteile → 10 Teile x 2,50 DM / Teil = 25 DM	10	10	25
+ **Lagerprozesskosten (HP 2)** **Einlagerung von K_1, K_2 und den Fremdbezugsteilen** 20 DM / Pos. : 10 K_1 (Losgrösse) = 2 DM / K_1 20 DM / Pos. : 10 K_2 (Losgrösse) = 2 DM / K_2 20 DM / Pos. : 40 Teile (Losgrösse) = 0,50 DM / Teil → Bedarf für 1 K_3: 10 Teile → 10 Teile x 0,50 DM / Teil = 5 DM **Kommissionierung für K_3** 20 DM / Pos. x 10 Positionen (Teile) = 200 DM 200 DM : 10 K_3 (Losgrösse) = 20 DM / K_3	2	2	5 20
Zwischensumme	8 012	3 012	9 050

	K_1 (DM)	K_2 (DM)	K_3 (DM)
Zwischensumme	8 012	3 012	9 050
+ Lagerprozesskosten (HP 2)			
Einlagerung K_3			
20 DM / Pos. x 1 Position = 20 DM			
20 DM : 10 K_3 (Losgrösse) = 2 DM / K_3			2
Kommissionierung für das Belegsystem			
20 DM / Position : 5 K_1 = 4 DM / K_1	4		
20 DM / Position : 5 K_2 = 4 DM / K_2		4	
20 DM / Position : 5 K_3 = 4 DM / K_3			4
+ Prozesskosten Fertigungsauftragssteuerung für K_3 (HP 3)			
50 DM / Stufe x 5 Stufen = 250 DM			
250 DM : 10 (Losgrösse K_3) = 25 DM			25
+ Prozesskosten Lieferanten betreuen (HP 7)			
4 000 DM / Lieferant: 40 K_1 = 100 DM / K_1	100		
4 000 DM / Lieferant: 40 K_2 = 100 DM / K_2		100	
4 000 DM / Lieferant: 400 Teile = 10 DM / Teil			
→ Bedarf für 1 K_3: 10 Teile			
→ 10 Teile x 10 DM / Teil = 100 DM			100
= Summe	8 116	3 116	9 181
	Zielko-stenun-ter-schrei-tung	Zielko-stenü-ber-schrei-tung	Zielko-stenun-ter-schrei-tung

Ergebnis:

Aus der Sicht der Kunden verursacht die Komponenten K_2: „Bedienfeld" in der Beschaffung bzw. Produktion zu hohe Kosten, m.a.W. hier besteht ein Kostensenkungsbedarf. Dagegen kommt den Komponenten K_1: „Belegaufnahme" und K_3: „Erkennungsmodul" eine höhere Kundeneinschätzung zu, als es ihrem Kostenanteil entspricht. Hier besteht daher ein Spielraum für Funktionsverbesserungen, den das Unternehmen ausnutzen sollte, um bei den Kunden zusätzliche Präferenzen für das Belegerfassungssystem zu schaffen.

2.3.5 Zielkostenkontrolldiagramm

Der Kostenreduktionsbedarf für die bzw. der Spielraum für Funktionsverbesserungen bei den einzelnen Komponenten wird oft auch durch die Bildung eines Zielkostenindexes (ZI) ausgedrückt. Der Zielkostenindex wird i.d.R. gebildet, indem man den Anteil, den die Komponente an den Drifting Costs des gesamten Produkts hat (in %), in Beziehung setzt zur Bedeutung der Komponente (= Zielkostenanteil der Komponente in %). Gelegentlich wird der Zielkostenindex auch gebildet, indem der Anteil der Komponente an den Drifitng Costs (in DM) in Beziehung gesetzt wird zu den Zielkostenanteilen der jeweiligen Komponente (in DM).

Ist ZI > 1, ist die jeweilige Komponente "zu teuer" - es sollte nach Kostensenkungsmassnahmen gesucht werden. Das ist im Beispiel bei Komponente K_2 der Fall. Hier beträgt der Zielkostenindex

$$ZI_{K2} = \frac{0,30}{0,23} = 1,3$$

Ist ZI < 1, ist die Komponente "zu billig" - es sollten Funktionsverbesserungen der Komponente vorgenommen werden. Im Beispiel ist das bei Komponente K_1 der Fall. Hier beträgt der Zielkostenindex

$$ZI_{K1} = \frac{0,09}{0,15} = 0,6$$

Der Zielkostenindex 1 gilt als optimal, weil dann bei den Komponenten keinerlei Kostenreduktionsbedarf mehr besteht und alle Spielräume für Präferenzen schaffende Funktionsverbesserungen ausgeschöpft wurden.

Die Zielkostenindices lassen sich in ein Diagramm - Zielkostenkontrolldiagramm oder Value Control Chart genannt - eintragen.

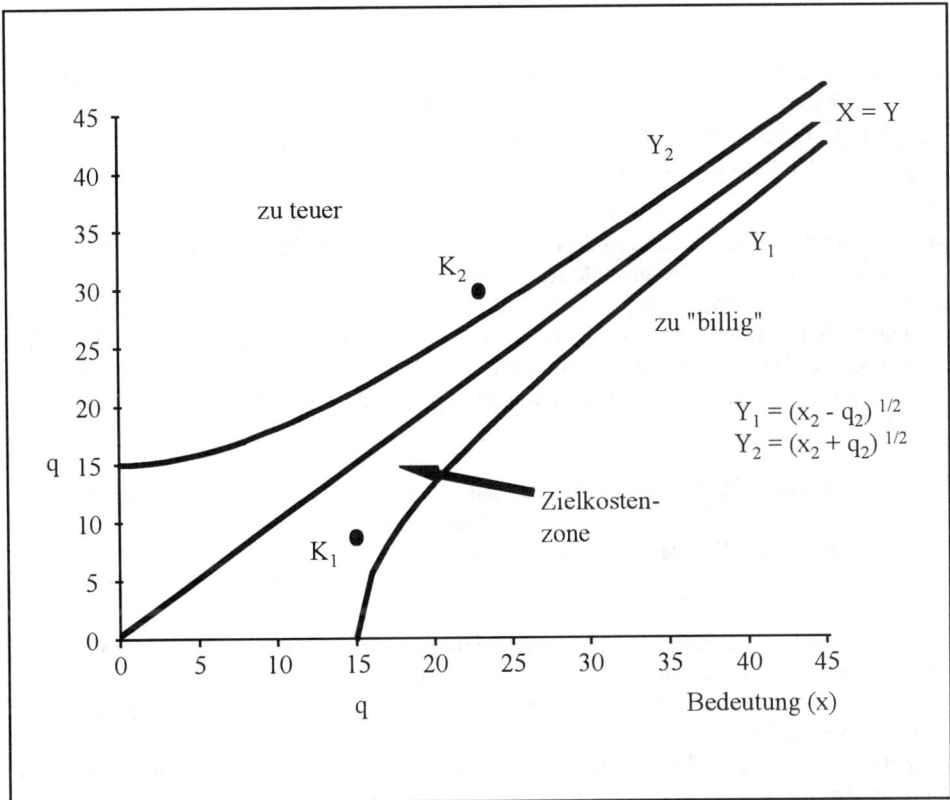

Abb. 13: Zielkostenkontrolldiagramm

Erläuterungen zum Zielkostenkontrolldiagramm:

⁂ Da nicht zu erwarten ist, dass bei jeder Produktkomponente genau deren Zielkosten erreicht werden können (ZI = 1), wird von der Unternehmensführung im Zielkostenkontrolldiagramm eine Zone definiert, innerhalb der die Zielkosten einzelner

Produktkomponenten als erfüllt angesehen werden. Der Verlauf der Kurve ist typisch, d.h. die erlaubten Abweichungen vom Optimalwert ZI = 1 dürfen bei Komponenten mit geringerer Bedeutung grösser sein als bei Komponenten mit hoher Bedeutung. Das ist so, weil bei gleichen Indices bei Komponenten mit geringerer Bedeutung

– die Zielkosten absolut um geringere Beträge verfehlt werden,

bzw.

– absolut weniger Spielräume für Funktionsverbesserungen verschenkt werden.

※ Bei welchem Wert (q) die Zone auf der Ordinate bzw. Abszisse im Einzelfall beginnt, hängt vom jeweiligen Unternehmen ab. Die Zone wird z.B. um so enger gesetzt, je höher das Zielerreichungspotential innerhalb des Unternehmens ist, das unter anderem vom Erfahrungsgrad der Beteiligten abhängig ist.

※ Erst wenn ein Index ausserhalb der Zone liegt, besteht Handlungsbedarf, d.h. müssen bei Indices > 1 Kostensenkungsmassnahmen eingeleitet und können bei Indices < 1 Funktionsverbesserungen vorgenommen werden. Im Beispiel liegt die Komponente K_2 ausserhalb und die Komponente K_1 innerhalb der definierten Zone. D.h. bei K_1 würde die Abweichung vom optimalen Zielkostenindex toleriert, während bei K_2 nach Kostensenkungsmassnahmen gesucht werden müsste.

Die Spaltung der Zielkosten macht die ausgeprägte Kunden- bzw. Marktorientierung des Target Costing sehr deutlich, weil die Zielkostenverteilung auf der Basis der Werteinschätzungen der Kunden vorgenommen werden.

Nach Beginn von Produktion und Verkauf muss immer wieder geprüft werden, ob die Zielkosten auch wirklich eingehalten werden, d.h., es muss eine Kostenkontrolle erfolgen. Wenn die Zielkosten nicht eingehalten werden, werden wieder Kostensenkungsmassnahmen gesucht. Insgesamt ist aber festzustellen, dass die Kostenkontrolle im Target Costing aufgrund der primären Ausrichtung an der Produktentstehung eine viel kleinere Rolle spielt, als die Kostenplanung und Kostensteuerung.

Target Costing ist in japanischen Unternehmen weit verbreitet. Das zeigt die folgende Tabelle, die die Anzahl (%) befragter Unternehmen angibt, die Target Costing anwenden:

Branchen	Als Manage-mentinstrument	Als Instrument für Techniker	Gesamt (Anwender)	Wird nicht verwendet
Elektrogeräte	28 (48)	13 (22)	41 (70)	18 (30)
Transportmittel	23 (64)	7 (19)	30 (83)	6 (17)
Präzisionsin-strumente	5 (36)	2 (14)	7 (50)	7 (50)
Allgemeine Maschinen	11 (33)	9 (26)	20 (59)	14 (41)
Metallprodukte	4 (29)	1 (7)	5 (36)	9 (64)
Gesamt	71 (45)	32 (21)	103 (66)	54 (34)

Abb. 14: Anwender von Target Costing in Japan

(Quelle: Sakurai 1992, S. 15)

Aber auch in Deutschland wird Target Costing seit mehreren Jahren erfolgreich prak-
tiziert. Es kommt unter anderem bei Unternehmen wie der Audi AG, LTG Lufttechnische GmbH sowie der IBM Deutschland GmbH zum Einsatz.

2.3.6 Target Costing als Controllingansatz im Lean Manage-ment

2.3.6.1 Grundzüge des Lean Management

Lean Management ist allgemein ein Konzept zur Unternehmensführung, das aus Japan
stammt. Ebenso wie das Target Costing ist es auf den Verlust von Wettbewerbsfähigkeit
Mitte der 70´iger Jahre zurückzuführen (Ölkrise), d.h. Lean Management ist entwickelt
worden, um die Wettbewerbsfähigkeit und damit die Gewinnsituation japanischer Unternehmen wieder zu festigen.

Durch die Einführung von Lean Management versuchen Unternehmen im Vergleich zu ihren Wettbewerbern

❋ weniger Kostengüter zu verbrauchen, d.h. die Gesamtkosten zu senken,

bzw.

❋ bessere Leistungen für den Markt zu erbringen, d.h. den Kundenwünschen besser entgegen zu kommen.

So wird im Lean Management z.B. angestrebt,

– die Mitarbeiter in der Montage zu reduzieren,

– die Entwicklungsstunden für Produkte zu reduzieren,

– die Bestände zu reduzieren,

– die Zulieferer zu reduzieren,

– kürzere Lieferzeiten zu haben,

– immer schneller mehr Modelle zu produzieren.

Das Schlüsselkonzept im Lean Management lässt sich wie folgt darstellen:

Qualität	**Abschaffung von Verschwendung**

Abb. 15: Schlüsselkonzept des Lean Management

Dahinter steht folgender Grundgedanke: Wenn man die von den Kunden nachgefragten Produkte in bester Qualität herstellt und die Verschwendung abschafft, sinken die Gesamtkosten und man kommt den Kundenwünschen besser entgegen.

Grundsätzliche Ansatzpunkte zur Realisierung dieses Schlüsselkonzepts sind:

❋ Ganzheitliche Betrachtung der Unternehmensfunktionen,

❋ Konzentration auf die Wertschöpfung,

❋ Kaizen,

❋ Markt- und Kundenorientierung.

▨ Zur ganzheitlichen Betrachtung der Unternehmensfunktionen

Ganzheitliche Betrachtung der Unternehmensfunktionen bedeutet, dass nicht einzelne Bereiche wie die Fertigung schlank gemacht werden sollen (Insellösungen), sondern alle Bereiche gleichermassen. Das setzt die Abstimmung aller Unternehmensfunktionen von der Produktentwicklung über die Beschaffung / Logistik, Fertigung bis hin zum Vertrieb und der Entsorgung voraus.

▨ Zur Konzentration auf die Wertschöpfung

Konzentration auf die Wertschöpfung heisst, dass im Rahmen der ganzheitlichen Betrachtung die wertschöpfenden Tätigkeiten erhöht, die wertverzehrenden Tätigkeiten minimiert und die wertvernichtenden Tätigkeiten eliminiert werden. Ein Beispiel für wertverzehrende Tätigkeiten sind Nachbesserungen. Sie erbringen am Markt keinen Pfennig Mehrwert und stellen den Preis für nicht beherrschte Wertschöpfungsprozesse dar. Bei konsequenter Orientierung an der Wertschöpfung sind Nachbesserungen also zu minimieren. Ein Beispiel für eine wertvernichtende Tätigkeit ist das fehlerhafte Eindrehen einer Schraube. Es wird Arbeitskraft, Material usw. vernichtet, ohne dass diese Tätigkeit einen Beitrag zur Wertschöpfung leistet.

▨ Zu Kaizen

Kaizen ist eine Philosophie und bedeutet sinngemäss "Veränderung zum Besseren". Grundsätzlich gilt, dass alles noch weiter verbessert werden kann. Kaizen erwartet von jedem Mitarbeiter, dass er zu jeder Zeit an jedem Problem mitdenkt und Verbesserungsvorschläge macht. Dabei kommt es nicht darauf an, dass Verbesserungen von grossem Ausmass erreicht werden. Viel wichtiger sind die kleinen, nicht immer gleich sichtbaren Schritte, die aber eine ungeheure Breitenwirkung und Nachhaltigkeit haben.

▨ Zur Markt- und Kundenorientierung

Die Konzentration auf die Wertschöpfung macht eine strikte Markt- und Kundenorientierung erforderlich, weil Grundlage jeder Wertschöpfung der Wert ist, den die Kunden den Produkten beimessen bzw. beimessen werden. Ein Produkt bester Qualität, das aber nicht den Kundenwünschen entspricht, ist für den Kunden wertlos. Wertschöpfung ist zwar auch durch Lageraufbau möglich, aber Läger sind ja immer nur die Vorstufe zum Verkauf an den Kunden. Markt- und Kundenorientierung bedeutet z.B.

– dass nicht einfach Produkte in bester Qualität hergestellt werden, sondern nur solche Produkte, die der Kunde braucht und die dann in bester Qualität,

– häufige Innovationen,

– kurze Lieferzeiten.

Stellt man die Schlüsselkonzepte von Target Costing und Lean Management gegenüber, zeigen sich die engen Beziehungen zwischen Target Costing und Lean Management:

▓ **Beide Konzepte haben Kostensenkungen zum Ziel.**

Target Costing verfolgt das Ziel der Stückkostensenkung, Lean Management versucht die Gesamtkosten zu senken.

▓ **Beide Konzepte sind extrem markt- bzw. kundenorientiert.**

Beim Target Costing wird der Zielpreis und damit die Zielkosten direkt aus dem
Markt abgeleitet. Lean Management ist vollständig auf den Markt ausgerichtet.

▓ **Beide Konzepte streben eine Koordination aller Unternehmensfunktionen an.**

Das ergibt sich beim Target Costing daraus, dass die Zielkosten lebensphasenbezo-
gen sind, d.h. die Kosten aller Bereiche von der Produktentwicklung bis zur Entsorgung einbezogen werden. Das bedeutet, dass der Target Costing-Prozess nur funk-
tioniert, wenn alle Abteilungen von der Entwicklung, dem Einkauf, der Produktion,
dem Vertrieb, der Kostenrechnung bis hin zum Zulieferer von Beginn der Entwicklung an intensiv im Team zusammenarbeiten. Lean Management strebt die Koordination aller Unternehmensfunktionen schon deswegen an, weil es Insellösungen
explizit ablehnt.

▓ **Bei beiden Konzepten haben neue Produkte einen hohen Stellenwert.**

Das Schlüsselkonzept des Target Costing zielt in erster Linie auf neue Produkte ab.
Im Lean Management werden bewusst immer mehr und immer schneller neue Produkte und Modelle auf den Markt gebracht.

Diese Gemeinsamkeiten lassen vermuten, dass das Target Costing das Lean Management wirkungsvoll unterstützen kann.

2.3.6.2 Unterstützung des Lean Management durch das Target Costing

▓ **Neue Modelle und Produkte**

Der Ansatz des Target Costing, schon Konstrukteuren und Entwicklern Zielkosten-
informationen zu geben, die schliesslich über alle Unternehmensfunktionen zur Produktion und dem Vertrieb kostengünstiger Produkte führen, gewinnt natürlich um

so mehr Bedeutung, je mehr ein Unternehmen neue Modelle und Produkte auf den Markt bringt - und das ist bei Anwendung des Lean Management der Fall. Also unterstützt das Target Costing das Lean Management wirkungsvoller als jedes andere Kostenrechnungssystem, weil bei den anderen Kostenrechnungssystemen der Schwerpunkt der Kostenplanung und -steuerung **nach** dem Produktionsstart liegt.

※ Delegation

Eine wichtige organisatorische Massnahme des Lean Management zur Erreichung seines Schlüsselkonzepts ist die Delegation von Aufgabenkomplexen, Entscheidungsbefugnissen und Verantwortung. Das sieht man z.B. daran, dass im Lean Management - im Gegensatz zu anderen Formen der Unternehmensführung - die Fertigungsmitarbeiter wieder mit mächtigen Kompetenzen ausgestattet werden. So kann jeder Mitarbeiter in der Fertigung die Produktion bei auftretenden Mängeln stoppen. Die konsequente Delegation von Entscheidungsbefugnissen und Verantwortung schafft durch Motivation die notwendigen Voraussetzungen für ein echtes Verpflichtungsgefühl mit Produkt und Aufgabe. Diesen Ansatz unterstützt und erweitert das Target Costing, weil es den Mitarbeitern bzw. Teams zusätzlich zu der Verantwortung für ihre Tätigkeit auch die Kostenverantwortung, d.h. die Verantwortung für die Einhaltung der Zielkosten überträgt.

※ Information / Kommunikation

Neben einer verstärkten Delegation setzt Lean Management auf verstärkte Information von und Kommunikation zwischen allen Mitarbeitern. Z.B. wird das feed back der Kunden nicht nur den Vertriebsmitarbeitern bekannt, sondern auch an die Mitarbeiter in der Fertigung übermittelt, damit die Mitarbeiter in der Fertigung nicht für einen anonymen Markt arbeiten, sondern darüber informiert sind, wie ihre Arbeit vom Kunden aufgenommen wird. Solche Informationen schaffen Motivation. Ausgeprägte Information und Kommunikation erleichtert die im Lean Management angestrebte personelle Flexibilität, d.h. den häufigen Wechsel von Arbeitsplätzen innerhalb des Unternehmens, Mitarbeit in wechselnden Projektgruppen etc.. Auch das schafft Motivation und schliesst gemeinsame Problemlösungspotentiale auf. Auch an diesem Punkt fügt sich das Target Costing als Controllingansatz gut in das Lean Management ein. Die Kosteninformationen, z.B. die Kostenvorgaben für die Entwickler und Konstrukteure werden den Mitarbeitern nicht einfach mitgeteilt. Vielmehr gibt es Kommitees, die mit Mitarbeitern der verschiedensten Bereiche (Kostenrechnung, Einkauf, Fertigung etc.) besetzt sind, die in die einzelnen Entwicklungs- und Produktionsbereiche hineingehen. Dort sammeln sie Informationen, erarbeiten und vermitteln den Mitarbeitern Kostenvorgaben und versuchen zusammen mit den Bereichen Kostensenkungsideen umzusetzen. Z.B. werden in der Fertigung Kostensenkungsideen gerne mit den Vorarbeitern diskutiert. Die interdisziplinäre Besetzung der Kommitees sorgt dafür, dass die Kommitees und die Unternehmensbereiche dieselbe Sprache sprechen, d.h. dass die Kosteninformationen des Target Costing umfassend vermittelt werden.

▩ **Kaizen**

Target Costing und die Kaizen-Philosophie des Lean Management ergänzen sich zu einem abgestimmten Kostensteuerungskonzept. Durch die Vorgabe der Zielkosten bekommt Kaizen ein Minimalziel, zu dessen Realisierung es durch eine kontinuierliche Verbesserung der Unternehmensprozesse beiträgt. So lassen sich z.B. durch Berücksichtigung von Erfahrungs- und Lernkurven Kostensenkungen erreichen, die durch die Degression der Fertigungszeiten aufgrund geübterer Handgriffe möglich sind.

▩ **Just-in-Time-Betrieb**

Lean Management führt zu einem konsequenten Just-in-Time-Betrieb, d.h. einem synchronen Zusammenwirken aller Produktionsbereiche einschliesslich der Zulieferer, weil dadurch vor allem die Lagerbestände erheblich reduziert werden. Daneben können sich möglicherweise auch die Fertigungszeiten reduzieren, weil nichts mehr vom Lager geholt werden muss. Der Just-in-Time-Betrieb hat Auswirkungen auf die Kapitalrendite und die Zuliefererstrukturen.

Kapitalrendite

Die Reduktion der Läger (Vorräte) führt zu einer Erhöhung der Umschlagshäufigkeit des Kapitals (= Anlage- + Umlaufvermögen)

$$\text{Umschlagshäufigkeit des Kapitals} = \frac{\text{Umsatz}}{\text{Kapital}}$$

weil das Kapital (Umlaufvermögen) sinkt. Eine Erhöhung der Umschlagshäufigkeit des Kapitals ist erwünscht, weil dadurch die Kapitalrendite steigt - die Kapitalrendite ergibt sich nämlich aus der Multiplikation der Umschlagshäufigkeit des Kapital mit der Umsatzrendite:

$$\text{Umsatzrendite} = \frac{\text{Gewinn}}{\text{Umsatz}}$$

$$\text{Kapitalrendite (ROI)} = \frac{\text{Gewinn}}{\text{Kapital}} = \frac{\text{Umsatz}}{\text{Kapital}} \times \frac{\text{Gewinn}}{\text{Umsatz}}$$

Das Target Costing unterstützt hier das Lean Managment perfekt, weil es auf die zweite Komponente der Kapitalrentabilität zielt - die Umsatzrendite. Die Gewinnspanne, die vom Zielpreis abgezogen wird, um auf die erlaubten Kosten bzw. die Zielkosten zu kommen, bemisst sich nämlich nach der geplanten Umsatzrendite.

Zusammenfassend kann man sagen, dass Lean Management und Target Costing gemeinsam die Kapitalrendite eines Unternehmens erhöhen können, weil die Verfolgung der Umsatzrendite durch das Target Costing die korrespondierende Massnahme zur Verringerung der Läger (Vorräte) durch den Just-in-Time-Betrieb und die damit verbundene Erhöhung der Umschlagshäufigkeit des Kapitals ist.

Zuliefererstrukturen

Wenn Just-in-Time gefertigt wird, sind die Zulieferer von besonderer Bedeutung, weil die Produktion steht, wenn die Zulieferer nicht rechtzeitig liefern. Die Bedeutung der Zulieferer im Lean Management zwingt dazu, traditionelle Zuliefererstrukturen zu überdenken. Statt loser Beziehungen zu vielen Zulieferern pflegt man intensive Beziehungen zu nur wenigen Zulieferern. Der Informationsfluss zwischen dem fremdbeziehenden Unternehmen und den Zulieferern wird wesentlich verstärkt. Die Zulieferer müssen genaue Kenntnisse der Produktionsabläufe und des Materialbedarfs bekommen, um synchron zur Produktion liefern zu können.

Das Target Costing unterstützt die intensiven Beziehungen zu den Zulieferern bzw. weitet sie noch aus. Denn den Zulieferern werden nicht mehr wie bisher fertige Konstruktionspläne geliefert, zu denen sie ihre Angebotspreise machen. Vielmehr werden sie frühzeitig und umfassend in das Unternehmen eingebunden, indem ihnen die Verantwortung für die Konstruktion von ganzen Komponenten übertragen wird und die entsprechenden Preisobergrenzen genannt werden, die sich aus den

Zielkostenanteilen für die Komponenten ergeben. Häufig haben die Unternehmen und die Zulieferer gemeinsam besetzte Teams, die versuchen, Kostensenkungspotentiale bei den Zulieferern zu nutzen. Zu diesen Kostensenkungspotentialen gehören z.B. die Senkung der Ausschussquote und die Verwendung von weniger Werkzeugen. Das bedeutet natürlich, dass der Zulieferer seine Kostenstruktur transparent machen muss. Dafür wird ihm aber auch ein Zielgewinn zugestanden. Der Lieferant wird zum Partner des Unternehmens im Kampf um die Zielkosten.

2.3.7 Kritische Würdigung

Vorteile des Target Costing sind vor allem:

▓ Klare Vorgaben

Die Zielkostenanteile stellen für die Mitarbeiter präzise Kostenvorgaben dar.

▓ Kostensenkung / Kostenbeeinflussung

Im Vergleich zum Cost-Plus-Verfahren, d.h. im Gegensatz zu dem Versuch der Kostenüberwälzung in Preisen, zwingt Target Costing zu systematischen Anstrengungen hinsichtlich Kosteneinsparungen um den Markterfordernissen gerecht zu werden. Ein Beispiel für systematische Kosteneinsparungsanstrengungen bzw. Kostenbeeinflussung auf der Produktebene ist das Value Engineering (Wertgestaltung). Beim Value Engineering werden die Produkte in technisch-funktionaler Weise so modifiziert, dass der Kundennutzen nicht oder nur wenig sinkt, sich aber dennoch Kosteneinsparungen ergeben.

Als **Probleme** des Target Costing kann man vor allem ansehen:

▓ Subjektivität bei der Ermittlung der Zielkosten der Produkte

Bei den Zielkosten handelt es sich nicht um eine objektive Grösse, sondern um Kosten, die von subjektiven Einschätzungen (geschätzter Zielpreis, angenommenes Kostensenkungspotential) abhängen. Dieser subjektive Charakter kann für die Motivation der Mitarbeiter ein Problem sein, weil die Zielkosten jederzeit angezweifelt werden können.

▒ **Subjektivität bei der Bestimmung der Zielkostenanteile für Produktkomponenten**

Die Höhe der Gemeinkostenbudgets - die von den Zielkosten subtrahiert werden, weil sie sich sinnvoll nicht komponentenweise spalten lassen - wird subjektiv festgelegt. Auch die

– Beschreibung der Produktfunktionen,
– Gewichtung der Produktfunktionen,
– Festlegung des Ausmasses, mit dem die Komponenten die Funktionen erfüllen,

sind alles willkürliche, nicht intersubjektiv überprüfbare Festlegungen. Entsprechend sind die ermittelten Zielkostenanteile der einzelnen Produktkomponenten willkürlich festgelegt und logisch-zwingend nicht begründbar.

▒ **Vollkostenansatz**

Die Zielkosten sind i.d.R. Vollkosten. Insofern liegt es nahe, die übliche Kritik der Teilkostenrechnungen an Vollkostenrechnungen auch am Target Costing zu üben, nämlich, dass jede Form der Gemeinkostenschlüsselung bzw. die Schlüsselung fixer Gemeinkosten auf Produkte willkürlich und deshalb zu unterlassen ist. Diese Kritik wird aber dem Target Costing nicht gerecht. Im Vordergrund des Target Costing steht nicht die Beurteilung der Vorteilhaftigkeit eines Produkts - bei der ja das Problem der Gemeinkostenschlüsselung so prägnant dargestellt werden kann. Vielmehr steht im Vordergrund des Target Costing die frühe Phase der Produktentstehung, in der möglichst viele Kosten gesenkt werden sollen und diese Kostensenkungsbemühungen richten sich - betriebswirtschaftlich sinnvoll - nicht nur auf die einem Produkt zurechenbaren Kosten, sondern auch auf die ihm nicht zurechenbaren Kosten, z.B. die produktnahen Gemeinkosten im Einkauf oder in der Fertigungssteuerung. Aus dieser Sicht - der Sicht der Kostensteuerung - ist der Vollkostencharakter der Zielkosten akzeptabel.

▒ **Aufwendigkeit**

Die Ermittlung der Zielkostenanteile für die Produktkomponenten ist bei komplexen Produkten mit einer Vielzahl von Funktionen und Komponenten sehr aufwendig.

▒ **Keine Berücksichtigung von Absatzveränderungen**

Bislang wird im Konzept des Target Costing nicht berücksichtigt, dass sich durch das neue Produkt bei substitutiven Erzeugnissen aus dem Produktspektrum desselben Unternehmens Absatzverringerungen und dadurch Erlösschmälerungen ergeben können, die sich nachteilig auf den Erfolg des Unternehmens auswirken (vgl. Coenenberg / Fischer / Schmitz, 1994, S. 27).

※ **Keine Berücksichtigung von Kapazitätsengpässen**

Ebenso wird bislang vernachlässigt, dass es bei der Einführung eines neuen Produkts auf Grund von Kapazitätsengpässen zur Verdrängung von anderen Produkten und damit zu entgehenden Deckungsbeiträgen kommen kann, die sich wiederum nachteilig auf den Erfolg des Unternehmens auswirken (vgl. Coenenberg / Fischer / Schmitz, 1994, S. 27).

2.4 Product Lifecycle Costing

2.4.1 Grundidee

Ursprünglich wurde das Konzept des Lifecycle Costing in den USA zur Wirtschaftlichkeitsbeurteilung und Gestaltung komplexer Grossprojekte des industriellen Anlagenbaus entwickelt. Lifecycle Costing ist im angelsächsischen Raum seit mehreren Jahrzehnten in Praxis und Theorie weit verbreitet, in den USA bei bestimmten öffentlichen Aufträgen sogar vorgeschrieben (vgl. Pfohl / Wübbenhorst, 1983, S. 143, Wübbenhorst, 1984, S. 5 ff., 13 ff.). Mittlerweile wird mit diesem Konzept auch die Wirtschaftlichkeit von Produkten analysiert, wie schon an der Bezeichnung Product Lifecycle Costing erkennbar ist.

Das Product Lifecycle Costing basiert auf der Erkenntnis, dass ein Produkt über seinen gesamten Lebenszyklus hinweg zu Kosten und Erlösen führt. Der Lebenszyklus eines Produktes und die zugehörigen Aktivitäten können wie folgt dargestellt werden (vgl. Back-Hock, 1992, S. 706):

Entstehungszyklus	**Marktzyklus**	**Nachsorgezyklus**
※ Umfeldanalyse, Ideensuche ※ Alternativenauswahl ※ Forschung ※ Entwicklung ※ Vorbereitung von Produktion und Absatz	※ Markteinführung ※ Marktdurchdringung ※ Marktsättigung ※ Marktdegeneration	※ Garantie ※ Wartung, Reparatur ※ Entsorgung

Abb. 16: Lebenszyklus eines Produkts

Entsprechend kann man die Kosten und Erlöse differenzieren (vgl. Back-Hock, 1988, S. 26, Männel, 1996, S. 74):

Entstehungszyklus		Marktzyklus		Nachsorgezyklus	
Vorlauf-kosten	Vorlauf-erlöse	Begleitende Kosten	Begleitende Erlöse	Folgekosten	Folgeerlöse
- technologische Vorlaufkosten (F&E) - vertriebliche Vorlaufkosten (z.B. Marktforschung) - sonstige Vorlaufkosten (z.B. Organisation) - Anpassungs- / Änderungskosten (z. B. Prouktverbesserung)	- Subventionen für F&E - Steuervergünstigungen durch F&E	- Einführungskosten (Ersteinführung, Relaunch) - laufende Kosten - Auslaufkosten	- Aktionserlöse - laufende Erlöse - Abbauerlöse	- Wartungskosten - Reparaturkosten - Garantiekosten - Kosten für Ausmusterung - Kosten für Entsorgung - Kosten für Verwertung - sonstige Folgekosten (z.B. Ersatzteilhaltung)	- Wartungserlöse - Reparaturerlöse - Verwertungserlöse aus dem Recycling - sonstige Erlöse (z.B. Ersatzteilerlöse)

Abb. 17: Lebenszyklusbezogene Kosten- und Erlöskategorien

Insbesondere die Vorlauf- und die Folgekosten haben in den vergangenen Jahren besondere Bedeutung erlangt (vgl. dazu Männel, 1996, S. 74). Der Anstieg der Vorlaufkosten resultiert daraus, dass die Unternehmen immer mehr in Forschung, Entwicklung und Konstruktion sowie in die perfekte Vorbereitung der Herstellung investieren müssen, um durch Qualität, Mengen- und Termintreue, Innovationskraft und Innovationsgeschwindigkeit ihre Stellung im verschärften und internationalisierten Wettbewerb behaupten zu können. Der Anstieg der Folgekosten - z.B. für Entsorgung und Verwertung - erklärt sich nicht zuetzt aus dem gestiegenen Umweltbewusstsein der Bevölkerung, dessen Beachtung durch die Unternehmen bereits zu einem relevanten Wettbewerbsfaktor geworden ist und immer mehr werden wird.

Die meisten Unternehmen verrechnen die Vorlauf- und Folgekosten bislang zu Lasten der Perioden, in denen sie anfallen. Das hat zur Folge, dass „sie als Gemeinkostenbestandteile Produkte belasten, die diesen Kostenanfall mit Sicherheit nicht ausgelöst haben. Insofern kommt es zum Ausweis falscher Periodenergebnisse." (Männel, 1996, S. 74). Um dieses Problem zu lösen, braucht man ein Instrument zur mehrperiodigen Planung, Steuerung und Kontrolle der totalen Kosten und Erlöse eines Produkts über dessen gesamten Lebenszyklus. Ein solches Instrument ist das Product Lifecycle Costing.

Hauptaufgaben des Product Lifecycle Costing sind:

▓ Minimierung der Lebenszykluskosten

Dabei setzt das Product Lifecycle Costing vor allem auf die aktive Beeinflussung der Kosten- und Leistungsmerkmale im Entstehungszyklus. Die Notwendigkeit einer frühzeitigen Kostenbeeinflussung resultiert aus dem Beziehungszusammenhang zwischen Kostenfestlegung und Kostenanfall. Nach einer Untersuchung des Vereins Deutscher Ingenieure (1987, S. 3) besteht eine unverhältnismässige Relation zwischen Kostenfestlegung und Kostenanfall:

Bereiche	Kostenfestlegung	Kostenanfall
Entwicklung und Konstruktion	70 %	6 %
Arbeitsvorbereitung und Fertigung	20 %	36 %
Einkauf und Materialwirtschaft	7 %	40 %
Vertrieb und Verwaltung	3 %	18 %

Abb. 18: Anteile unterschiedlicher Bereiche an Kostenfestlegung und Kostenanfall bezogen auf die Produktselbstkosten

„In diesem empirisch bestätigten Phänomen kommt die diametrale Beziehung zum Ausdruck, dass mit der Konzipierung eines Produkts bzw. einer Produktart und den der Produktion vorgelagerten Aktivitäten - insbesondere Forschung, Entwicklung und Konstruktion - bereits zu einem grossen prozentualen Anteil die später während der Realisierungsprozesse anfallenden Kosten festgelegt werden. Im Vergleich dazu ist der in Prozent ausgedrückte Kostenanfall wesentlich geringer." (Zehbold, 1996, S. 47).

Zur frühzeitigen Kostenbeeinflussung gehören auch Überlegungen dahingehend, ob und inwieweit eine Kostenerhöhung in den Phasen vor der Produkteinführung in späteren Lebenszyklusphasen zu Kostensenkungen führen können. Als Faustregel wird diesbezüglich genannt, dass eine Geldeinheit Kostenerhöhung für Produktkonzeption, -konstruktion und -entwicklung später acht bis zehn Geldeinheiten im Produktions- und Vertriebsbereich erspart (vgl. Shields / Young, 1991, S. 39).

▒ Laufende Rentabilitätsermittlung

„Actually, ownership costs are meaningless without corresponding measures of system availability and performance over the time." (Womer, 1983, S. 621). Daraus folgt, dass das Product Life Cycle Costing zu einer Ergebnisrechnung erweitert werden muss, die während des gesamten Produktlebenszyklus in der Lage ist, zu jedem Zeitpunkt die Rentabilität des Produkts anzugeben (ähnlich Zehbold, 1996, S. 48).

2.4.2 Investitionsorientierter Ansatz

2.4.2.1 Rechengrössen

Im investitionsorientierten Ansatz des Product Lifecycle Costing werden die Rechengrössen Kosten und Erlöse durch die Rechengrössen Auszahlungen und Einzahlungen ersetzt. Dahinter stehen folgende Überlegungen. Kosten werden üblicherweise im Sinne des wertmässigen Kostenbegriffs definiert. Danach werden Kosten als

- bewerteter
- leistungsverbundener
- Güterverzehr

verstanden. Da die meisten Kostenrechnungen kurzfristig ausgerichtet sind, ist den so definierten Kosten die Periodisierung immanent.

Beispiel:

Ein Unternehmen hat einen Versicherungsvertrag über 12 Monate abgeschlossen. Die Jahresprämie beträgt 24 000 DM. Üblicherweise werden die Kosten des Versicherungsvertrags in der monatlichen Ergebnisrechnung periodisiert, d.h. in jedem Monat werden 1/12 der Jahresprämie - also 2 000 DM - als Kosten ausgewiesen.

Sowohl der wertmässige Kostenbegriff als auch die Periodisierung der Kosten sind in der Vergangenheit vielfach kritisiert worden (vgl. insbesondere Riebel, 1990, z.B. S. 411-418). Hauptsächlich ist Folgendes einzuwenden:

※ Es muss kein Güterverzehr vorliegen, damit Kosten entstehen. Das zeigt z.B. die Diskussion über den Kostencharakter von Steuern.

※ Die Bewertung des Güterverzehrs und damit die Höhe der Kosten ist unbestimmt. Als Bewertungsansätze kommen z.B. Anschaffungspreise, Tagespreise oder Wiederbeschaffungspreise in Frage.

※ Durch die Periodisierung der Kosten werden die betrieblichen Vorgänge nicht wirklichkeitsnah abgebildet. Dadurch kann es zu Fehleinschätzungen und Fehlentscheidungen kommen. So entsteht im Beispiel des Versicherungsvertrages durch die Periodisierung der falsche Eindruck, dass sich monatlich 2 000 DM Versicherungkosten abbauen lassen.

Im investitonsorientierten Ansatz des Product Lifecycle Costing spielen diese Probleme keine Rolle.

※ Die Totalbetrachtung eines Produktlebenszyklus bietet die Möglichkeit, ohne Periodisierung auszukommen. Wozu sollte man in einer Totalbetrachtung z.B. Investitionen in Form von Abschreibungen periodisieren?

※ Man kommt auch ohne den wertmässigen Kostenbegriff und seine Probleme aus, weil man das Ergebnis des betrachteten Produktlebenszyklusses einfach durch die Gegenüberstellung der Ein- und Auszahlungen darstellen kann, die im Zusammenhang mit dem Produkt anfallen.

Die Verwendung von Ein- und Auszahlungen als Rechengrössen im Product Lifecycle Costing hat erhebliche Vorteile:

※ Ein- und Auszahlungen gehören zu den originären Rechengrössen. Originäre Rechengrössen sind solche Grössen, die konkret messbar sind. Neben den Ein- und Auszahlungen gehören dazu insbesondere noch (vgl. Riebel, 1984, S. 216):

  – Zahlungsmittelbestand,
  – Ein- und Ausgaben,
  – Mengen von Realgütern (z.B. Sachgüter).

Im Gegensatz zu den abgeleiteten fiktiven Rechengrössen - wie den Kosten nach dem wertmässigen Kostenbegriff - sind originäre Rechengrössen intersubjektiv nachprüfbar.

Durch die Verwendung originärer Rechengrössen und die Abkehr von künstlichen Abrechnungsperioden ist das investitionsorienterte Product Lifecycle Costing von allen traditionellen Kostenrechnungen am ehesten der Einzelkosten- und Deckungs- beitragsrechnung nach Riebel verwandt. Auch in der Einzelkosten- und Deckungs- beitragsrechnung wird mit originären Rechengrössen gearbeitet. Das zeigt sich be- sonders daran, dass an Stelle des wertmässigen Kostenbegriffs mit dem entschei- dungsorientierten Kostenbegriff gearbeitet wird. Nach dem entscheidungsorien- tierten Kostenbegriff sind Kosten die durch die Entscheidung über ein betrachtetes Objekt ausgelösten zusätzlichen - nicht kompensierten - Ausgaben (Auszahlungen) (vgl. Riebel, 1990, S. 427). Ebenso wird in der Einzelkosten- und Deckungsbei- tragsrechnung die Periodisierung von Kosten abgelehnt. Statt dessen werden die Kosten gemäss ihrer zeitlichen Dimension auf die entsprechenden Perioden zuge- rechnet. Z. B. würde man die Kosten des Versicherungsvertrages auf Grund der 12- monatigen Bindungsdauer als Jahreseinzelkosten bezeichnen und nur einem Jahr oder grösseren, nicht aber kleineren Zeitabschnitten zuordnen. Die Konsequenz die- ser Vorgehensweise ist eine Hierarchie verschiedenster Zeiträume und zugehöriger Kosten, deren Interpretation bzw. Auswertung für unternehmerische Entscheidun- gen in der Praxis häufig als zu schwierig angesehen wird.

※ Die künstliche Kluft wird geschlossen, die zwischen Kostenrechnung und Investiti- onsrechnung durch die Verwendung unterschiedlicher Rechengrössen besteht. Die Notwendigkeit einer Verknüpfung von Investitions- und Kostenrechnung wird in der Literatur immer wieder betont (vgl. z.B. Riebel, 1990, S. 629 - 630). Für eine Verzahnung sprechen vor allem folgende Aspekte (vgl. Küpper, 1990, S. 253 - 255):

– Sowohl die Investitionsrechnung als auch die Kostenrechnung liefern Informa- tionen für die Planung und Kontrolle.

– Tendenziell unterstützt die Investitionsrechnung eher den längerfristigen, die Kostenrechnung den kurzfristigen Bereich. Das Kriterium der Fristigkeit er- möglicht aber keine eindeutige Abgrenzung zwischen den Rechnungen, weil der Übergang zwischen den Planungsfristen fliessend ist.

– Da die übergeordneten Unternehmensziele finanzwirtschaftlich definiert sind, kann die Kostenrechnung die Wirkungen auf die Zahlungsströme nicht länger vernachlässigen.

– Nur originäre Rechengrössen stellen eine klare empirische Grundlage für Pla- nungs- und Kontrollrechnungen dar.

2.4.2.2 Konzept

Investitionen werden i. d. R. durch einen Zahlungsstrom gekennzeichnet, der mit einer Auszahlung beginnt und in späteren Zahlungszeitpunkten Einzahlungen bzw. Einzahlungen und Auszahlungen erwarten lässt. Dabei wird dem zeitlichen Anfall der Zahlungen eine wesentliche Bedeutung beigemessen. Die Bedeutung ergibt sich aus dem Zeitwert des Geldes, also z.B. daraus, dass eine „Einzahlung heute" mehr Wert ist, als eine „Einzahlung morgen", weil die „Einzahlung heute" bis morgen zinsbringend angelegt werden kann. Den Zeitwert des Geldes berücksichtigen die dynamischen Verfahren der Investitonsrechnung. Mit ihnen können Investitionsalternativen im Hinblick auf mehrperiodige Erfolgsziele wie Kapitalwert, Endwert, Interner Zinsfuss o.ä. beurteilt werden, die sich aus den Zahlungsgrössen berechnen. Die dynamischen Verfahren der Investitionsrechnung finden auch im investitionsorientierten Product Lifecycle Costing Anwendung, wie das folgende Beispiel zeigt.

Anwendungsbeispiel für das Product Lifecycle Costing (in Anlehnung an Coenenberg / Fischer / Schmitz, 1994, S. 2 ff):

Ausgangsdaten

Ein Unternehmen will ein neues Gerät der medizinischen Diagnostik auf dem Markt einführen. Das Modell soll laut Planung in einer Kleinserie aufgelegt werden (insgesamt ca. 1 000 Stück). Es handelt sich um ein Produkt der „oberen Mittelklasse", das sowohl für grössere Arztpraxen als auch kleine Krankenhäuser konzipiert wurde.

Zahlungsreihe

Der Zahlungsreihe für das Produkt in der Stückzahl 1 000 liegt ein Planungshorizont von 10 Jahren zu Grunde. Folgende Ein- und Auszahlungen (in Millionen DM) werden geschätzt:

	Entstehungs-zyklus			Marktzyklus					Nachsorge-zyklus		
Jahr	1988	1989	1990	1991	1992	1993	1994	1995	1996	1997	Σ
Einzah-lungen (E$_t$)											
Verkauf				94	99	87	77	89			446
Wartung				45	50	57	68	75	64	45	404
Auszah-lungen (A$_t$)											
Entwick-lung	11	14	18	14	28	18	5				108
Investi-tionen		12	18	19	22						71
Herstel-lung				38	40	35	30	31			174
Vertrieb				20	12	27	15	8			82
Wartung				14	17	25	18	15	12	8	109
Entsor-gung									11	11	22
Verwal-tung	15	15	15	23	23	23	23	23	18	18	196

Erläuterungen:

※ Der Entstehungszyklus umfasst die Jahre 1988 bis 1990. In ihm fallen nur Auszahlungen und zwar für Entwicklung, Investitionen und Verwaltung an.

※ Der Marktzyklus beginnt 1991 und endet 1995. Neben diversen Auszahlungen werden aus dem Verkauf und der Wartung Einzahlungen erzielt.

❋ Der Nachsorgezyklus umfasst die Jahre 1996 und 1997. In ihm werden Einzahlungen nur noch durch die Wartung der früher abgesetzten Geräte erzielt. Es fallen keine Herstellkosten und keine Vertriebskosten mehr an, sondern nur noch Auszahlungen für Wartung, Entsorgung und Verwaltung.

❋ Die Verwaltungskosten sind prozessorientiert ermittelt. Ihr Verlauf erklärt sich daraus, dass das Produkt im Entstehungszyklus und im Nachsorgezyklus wesentlich weniger verwaltungstechnische Prozesse in Anspruch nimmt, als im Marktzyklus.

Anwendung der Kapitalwertmethode

Bei Anwendung der Kapitalwertmethode wird der Zeitwert des Geldes berücksichtigt, indem alle zukünftigen Ein- und Auszahlungen auf den Zeitpunkt der ersten Zahlung abgezinst (diskontiert) werden. Die abgezinsten Zahlungen werden als Barwerte bezeichnet. Die Abzinsung erfolgt mit einem Zinssatz, der die gewünschte Mindestverzinsung der Investition darstellt (Kalkulationszinssatz). In der Investitionsrechnung wird als gewünschte Mindestverzinsung meist der Zinssatz angesetzt, den der Investor für Fremdkapital entrichten muss bzw. der ihm entgeht, wenn er zu Gunsten der Investition auf eine alternative Geldanlage verzichtet. Charakteristisch für die Kapitalwertmethode ist ausserdem die Annahme, dass die während der Lebensdauer anfallenden Einzahlungsüberschüsse zum Kalkulationszinsfuss angelegt werden können (Wiederanlageprämisse). Im Beispiel wird mit einem Kalkulationszinssatz i = 12 % gerechnet.

Der Kapitalwert (K) einer Investition ist die Differenz aus der Summe der Barwerte aller Einzahlungen (E_t) und der Summe der Barwerte aller Auszahlungen (A_t), beide bezogen auf den Zeitpunkt der ersten Zahlung oder anders ausgedrückt, die Summe der auf den Zeitpunkt der ersten Zahlung abgezinsten Einzahlungsüberschüsse / - unterdeckkungen der Perioden:

$$K = \sum_{t=0}^{n} E_t (1 + i)^{-t} - \sum_{t=0}^{n} A_t (1 + i)^{-t}$$

bzw.

$$K = \sum_{t=0}^{n} (E_t - A_t) (1 + i)^{-t}$$

$(1 + i)^{-t}$ = Abzinsungsfaktor

Ermittlung des Kapitalwertes

i = 12 %	1988	1989	1990	1991	1992	....
Einzahlungen (Et)						
Verkauf				94	99	
Wartung				45	50	
Auszahlungen (At)						
Entwicklung	11	14	18	14	28	
Investitionen		12	18	19	22	
Herstellung				38	40	
Vertrieb				20	12	
Wartung				14	17	
Entsorgung						
Verwaltung	15	15	15	23	23	
(Et-At) nominal	- 26	- 41	- 51	+ 11	+ 7	
nominal kumuliert	- 26	- 67	- 118	- 107	- 100	
(Et-At) diskontiert	- 26	- 36,61	- 40,66	+ 7,83	+ 4,45	
diskontiert kumuliert	- 26	- 62,61	- 103,27	- 95,44	- 90,99	

i = 12 %	1993	1994	1995	1996	1997	Σ
Einzahlungen (Eₜ)						
Verkauf	87	77	89			446
Wartung	57	68	75	64	45	404
Auszahlungen (Aₜ)						
Entwicklung	18	5				108
Investitionen						71
Herstellung	35	30	31			174
Vertrieb	27	15	8			82
Wartung	25	18	15	12	8	109
Entsorgung				11	11	22
Verwaltung	23	23	23	18	18	196
(Eₜ-Aₜ) nominal	+ 16	+ 54	+ 87	+ 23	+8	+ 88
nominal kumuliert	- 84	- 30	+ 57	+ 80	+ 88	+ 88
(Eₜ-Aₜ) diskontiert	+ 9,08	+ 27,36	+ 39,35	+ 9,29	+ 2,89	- 3,02
diskontiert kumuliert	- 81,91	- 54,55	- 15,20	- 5,91	- 3,02	- 3,02

Erläuterungen:

※ Die Werte der Zeile „$(E_t - A_t)$ nominal" ergeben sich, wenn man für jedes Jahr die Differenz zwischen den Ein- und Auszahlungen bildet.

※ Die Werte der Zeile „nominal kumuliert" ergeben sich, indem man die Ein- bzw. Auszahlungsüberschüsse der einzelnen Jahre addiert.

Beispiel:

Der Wert des Jahres 1994 ergibt sich aus der Addition von - 26 + - 41 + - 51 + 11 + 7 + 16 + 54 = - 30.

※ Die Werte der Zeile „$(Et - At)$ diskontiert" ergeben sich, indem man die Ein- bzw. Auszahlungsüberschüsse der Jahre mit 12% p. a. abzinst.

Beispiel:

Der Wert des Jahres 1994 ergibt sich aus

$$54 \, (1 + 0,12)^{-6} = + 27,36$$

※ Die Werte der Zeile „diskontiert kumuliert" ergeben sich, indem man die diskontierten Ein- bzw. Auszahlungsüberschüsse der einzelnen Jahre addiert.

Beispiel:

Der Wert des Jahres 1994 ergibt sich aus der Addition von - 26 + - 36,61 + - 40,66 + 7,83 + 4,45 + 9,08 + 27,36 = - 54,55

※ Der Kapitalwert des Produkts ergibt sich aus der Summe der diskontierten Ein- bzw. Auszahlungsüberschüsse der einzelnen Jahre bzw. unmittelbar aus den diskontierten kumulierten Ein- bzw. Auszahlungsüberschüssen. Er beträgt im Beispiel - 3,02. Ein negativer Kapitalwert bedeutet, dass das Produkt über seinen Lebenszyklus die gewünschte Mindesverzinsung nicht erreicht. Welche konkrete Verzinsung das Produkt erbringt, lässt sich mit Hilfe der Internen Zinsfussmethode ermitteln.

Anwendung der Internen Zinsfussmethode

Der interne Zinsfuss einer Investition gibt an, mit welchem Prozentsatz sich das investierte Kapital im Jahr verzinst. Es ist der Zinssatz, bei dem der Kapitalwert einer Investition Null ist. Dementsprechend ergibt sich der interne Zinsfuss, indem man die Formel für den Kapitalwert gleich Null setzt

$$0 = \sum_{t=0}^{n} (E_t - A_t)(1 + r)^{-t}$$

und nach r auflöst (r steht hier an Stelle von i, weil mit einem Kapitalwert von Null der Zinssatz determiniert ist).

Betrachtet man die Formel, wird schnell deutlich, dass der interne Zinsfuss nicht so einfach wie der Kapitalwert zu ermitteln ist. Das Hauptproblem für das Anwendungs- beispiel zum Product Lifecycle Costing besteht darin, dass eine Gleichung zu lösen ist, in der der gesuchte Wert in einer höheren Potenz auftritt und die Zahlungsreihe keine gleichmässigen Rückflüsse über die Zeit aufweist. In solchen Fällen ist keine exakte, sondern nur eine näherungsweise Ermittlung des internen Zinsfusses möglich. Hier wird der interne Zinsfuss mit Hilfe einer linearen Interpolation bestimmt.

Ermittlung des internen Zinsfusses des Produkts durch lineare Interpolation

Rechenschritte:

1. Zu zwei Versuchszinssätzen r_1 und r_2 werden die dazugehörigen Kapitalwerte K_1 und K_2 bestimmt. Die Kapitalwerte sollten unterschiedliche Vorzeichen haben.

2. Die erste Näherungslösung wird wie folgt bestimmt:

$$r_3 = r_1 + \frac{K_1}{K_1 - K_2} (r_2 - r_1)$$

3. Die weiteren Näherungslösungen werden analog ermittelt.

$$r_4 = r_1 + \frac{K_1}{K_1 - K_3} (r_3 - r_1)$$

r_{5-n} **analog**

zu 1. Zwei Versuchszinssätze und zwei Kapitalwerte

Aus der Kapitalwertberechnung ist bekannt, dass bei einem Kalkulationszinsfuss von 12% (= r_2) der Kapitalwert - 3,02 (= K_2) beträgt. Demzufolge muss ein Zinssatz (= r_1), bei dem ein positiver Kapitalwert (= K_1) entsteht, kleiner als 12% sein.

Versuchszinssatz r_1 = 11,3%.

$$K_1 = -26 - \frac{41}{1,113} - + \frac{51}{1,238769} + \ldots$$

K_1 = - 26 - 36,84 - 41,17 + 7,98 + 4,56 + 9,37 + 28,41 + 41,12 + 9,77 + 3,05 = 0,25.

Da sich bei r_1 = 11,3% ein positiver und bei r_2 = 12% ein negativer Kapitalwert ergibt, liegt der interne Zinsfuss des Produkts zwischen 11,3% und 12%.

zu 2. Erste Näherungslösung

$$r_3 = 0,113 + \frac{0,25}{0,25 + 3,02} (0,12 - 0,113)$$

r_3 = 11,3535%

$$K_3 = -26 - \frac{41}{1,113535} - \frac{51}{1,23996019622} + \ldots$$

K_3 = - 26 - 36,82 - 41,13 + 7,97 + 4,55 + 9,35 + 28,33+ 40,98 + 9,73 + 3,04 = 0.

Ergebnis:

Im vorliegenden Fall ergibt sich schon aus der ersten Interpolation der interne Zinsfuss des Produkts mit 11,3535%, d.h. das Produkt verzinst sich jährlich mit 11,3535%. Die gewünschte Mindestverzinsung in Höhe von 12% wird also nicht erreicht.

Simulation zur Verbesserung der Rentabilität des Produkts

Aufbauend auf der Faustregel, dass eine Geldeinheit Kostenerhöhung für Produktkonzeption, -konstruktion und -entwicklung später acht bis zehn Geldeinheiten im Produktions- und Vertriebsbereich erspart (vgl. Shields / Young, 1991, S. 39), kann man folgende Simulationsrechnung zur Verbesserung der Rentabilität des Produkts anstellen:

variierte Zahlungsreihe:

	Entstehungs-zyklus			Marktzyklus					Nachsorge-zyklus		
Jahr	1988	1989	1990	1991	1992	1993	1994	1995	1996	1997	Σ
Einzahlungen (E_t)											
Verkauf				94	99	87	77	89			446
Wartung				45	50	57	68	75	64	45	404
Auszahlungen (A_t)											
Entwicklung	11 + 1 = 12	14	18	14	28	18	5				109
Investitionen		12	18	19	22						71
Herstellung				38 - 1 = 37	40 - 1 = 39	35 - 1 = 34	30 - 1 = 29	31 - 1 = 30			169
Vertrieb				20 - 1 = 19	12 - 1 = 11	27 - 1 = 26	15 - 1 = 14	8 - 1 = 7			77
Wartung				14	17	25	18	15	12	8	109
Entsorgung									11	11	22
Verwaltung	15	15	15	23	23	23	23	23	18	18	196

Aus dieser Zahlungsreihe ergibt sich bei einer Abzinsung wiederum mit der gewünschten Mindestverzinsung in Höhe von 12% folgender Kapitalwert:

Ermittlung des Kapitalwertes

i = 12 %	1988	1989	1990	1991	1992	....
Einzahlungen (E$_t$)						
Verkauf				94	99	
Wartung				45	50	
Auszahlungen (A$_t$)						
Entwicklung	**12**	14	18	14	28	
Investitionen		12	18	19	22	
Herstellung				**37**	**39**	
Vertrieb				**19**	**11**	
Wartung				14	17	
Entsorgung						
Verwaltung	15	15	15	23	23	
(E$_t$-A$_t$) nominal	- 27	- 41	- 51	+ 13	+ 9	
nominal kumuliert	- 27	- 68	- 119	- 106	- 97	
(E$_t$-A$_t$) diskontiert	- 27	- 36,61	- 40,66	+ 9,25	+ 5,72	
diskontiert kumuliert	- 27	- 63,61	- 104,27	- 95,02	- 89,30	

i = 12 %	1993	1994	1995	1996	1997	Σ
Einzahlungen (E$_t$)						
Verkauf	87	77	89			446
Wartung	57	68	75	64	45	404
Auszahlungen (A$_t$)						
Entwicklung	18	5				**109**
Investitionen						71
Herstellung	**34**	**29**	**30**			**169**
Vertrieb	**26**	**14**	7			77
Wartung	25	18	15	12	8	109
Entsorgung				11	11	22
Verwaltung	23	23	23	18	18	196
(E$_t$-A$_t$) nominal	**+ 18**	**+ 56**	**+ 89**	+ 23	+8	**+ 97**
nominal kumuliert	**- 79**	**- 23**	**+ 66**	**+ 89**	**+ 97**	**+ 97**
(E$_t$-A$_t$) diskontiert	**+ 10,21**	**+ 28,37**	**+ 40,26**	+ 9,29	+ 2,89	**+ 1,72**
diskontiert kumuliert	**- 79,09**	**- 50,72**	**- 10,46**	**- 1,17**	**+ 1,72**	**+ 1,72**

Ergebnis:

Bereits die Erhöhung der Entwicklungskosten um 1 Million DM in 1988 führt bei der Annahme, dass im Produktions- und Vertriebsbereich Kosteneinsparungen in Höhe von 10 Millionen DM möglich sind, zu einem positiven Kapitalwert des Produkts in Höhe von 1,72 Millionen DM. Ein positiver Kapitalwert bedeutet, dass eine höhere Verzinsung als die gwünschte Mindestverzinsung - hier 12% - erreicht wird. Das Produkt ist jetzt also vorteilhaft. Die tatsächliche Verzinsung des Produkts lässt sich wieder mit Hilfe der Internen Zinsfussmethode durch lineare Interpolation ermitteln.

Interne Zinsfussmethode

Nach diversen Interpolationen ergibt sich als interner Zinsfuss des Produkts 12,3645%.

$$K = -27 - \frac{41}{1,123645} - \frac{51}{1,26257808602} + \ldots\ldots$$

$$K = -27 - 36,49 - 40,39 + 9,16 + 5,65 + 10,05 + 27,82 + 39,35 + 9,05 + 2,80 = 0.$$

2.4.3 Deckungsbeitragsorientierter Ansatz

(vgl. dazu z.B. Männel, 1996, S. 74 - 78)

2.4.3.1 Rechengrössen

Da Männel ein entschiedener Kritiker des wertmässigen Kostenbegriffs ist (vgl. Männel, z.B. 1993, S. 74 - 75) kann man die in diesem Ansatz verwendeten Kosten im Sinne des entscheidungsorientierten Kostenbegriffs interpretieren. Insofern ergibt sich bei den Rechengrössen materiell kein Unterschied zu den Auszahlungen im investitionsorientierten Konzept.

2.4.3.2 Konzept

Auch das deckungsbeitragsorientierte Konzept verzichtet auf die Periodisierung, indem es alle über den Lebenszyklus des Produkts anfallenden Kosten und Erlöse einander gegenüberstellt. Im Unterschied zum investitionsorientierten Ansatz wird jedoch - wie generell in der Kostenrechnung - auf eine Diskontierung verzichtet, d.h. der Zeitwert des Geldes bleibt unberücksichtigt. Die Grundstruktur des Konzepts verdeutlicht die folgende Abbildung (vgl. dazu Männel, 1996, S. 75 - 76, Zehbold, 1996, S. 49 - 51):

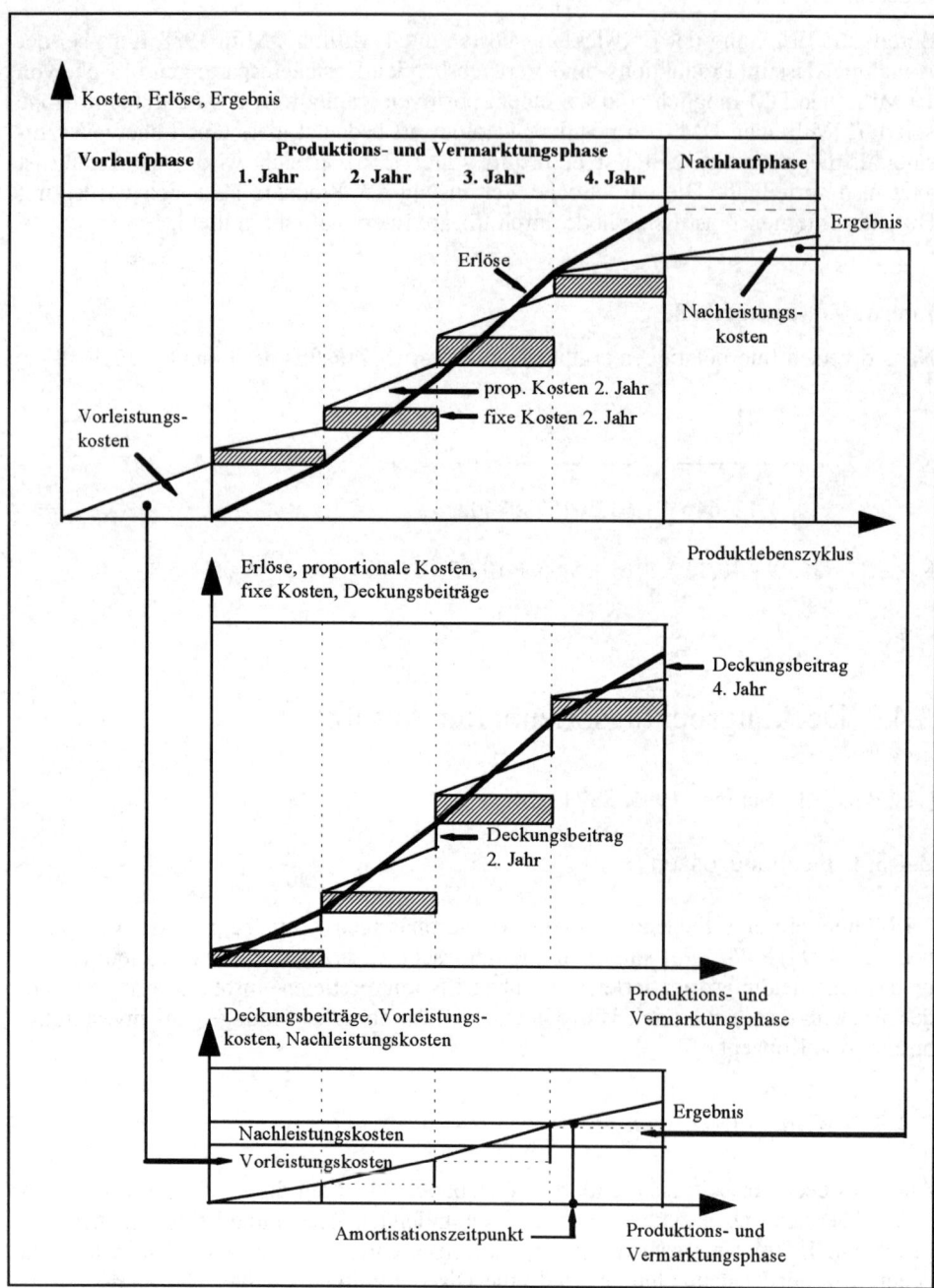

Abb. 19: Produktlebenszyklusbezogene Deckungsbeitragsrechnung als Fortführung periodischer Deckungsbeitragsrechnungen

Erläuterungen:

❋ Obere Graphik

In der oberen Graphik werden die Kosten und Erlöse so ausgewiesen, wie sie im Zeitablauf des Produktlebenszyklusses anfallen. Dabei wird von Folgendem ausgegangen:

– Sowohl in der Vorlauf-, als auch in der Nachlaufphase fallen nur Kosten, aber keine Erlöse an.

– In der Produktions- und Vermarktungsphase entstehen im Zusammenhang mit dem Produkt sowohl fixe als auch variable Kosten. Zu den fixen Kosten gehören z.B. ein Teil der Hilfslöhne oder kalkulatorische Zinsen. Die fixen Kosten werden vereinfachend als periodische Gesamtkostenblöcke ausgewiesen. Die variablen Kosten werden vereinfachend als mengenproportional angesehen. Zu den variablen Kosten gehören z.B. die Materialeinzelkosten des Produkts.

– Den kumulierten Kosten der Vorlauf-, Produktions- und Vermarktungsphase sowie der Nachlaufphase stehen die kumulierten Erlöse aus dem Verkauf des Produkts gegenüber. Sie fallen entsprechend allein in der Produktions- und Vermarktungsphase an und werden vereinfachend als mengenproportional angesehen.

Die in der oberen Graphik aufgebaute Produktlebenszyklusrechnung weist jedoch zwei Nachteile auf:

1. Sie informiert nicht direkt über die Deckungsbeiträge, die von dem Produkt in den einzelnen Jahren der Produktions- und Vermarktungsphase erwirtschaftet werden.

Dabei wird der Deckungsbeitrag eines Jahres wie folgt definiert:

	(Preis (DM/Stück) - variable Kosten (DM/Stück))
x	Absatzmenge im Jahr (Stück/Jahr)
-	jahresbezogener Fixkostenblock (DM/Jahr)
=	Deckungsbeitrag des Produkts /Jahr (DM / Jahr)

2. Sie lässt den Amortisationszeitpunkt der Vor- und Nachleistungskosten nicht erkennen.

Daher schliessen sich an die obere Graphik zwei weitere Graphiken an.

※ Mittlere Graphik

Die mittlere Graphik zeigt die Deckungsbeiträge des Produkts je Jahr der Produktions- und Vermarktungsphase, indem sie in jedem Jahr die erzielten Erlöse den jahresspezifischen Fixkosten zuzüglich den variablen Kosten des Produkts je Jahr gegenüberstellt. Die mittlere Graphik stellt also eine periodische, produktbezogene Deckungsbeitragsrechnung dar.

※ Untere Graphik

Die untere Graphik addiert zunächst die Vor- und Nachleistungskosten aus der oberen Graphik und weist diese Kostensumme als „Deckungslast" für die Jahre der Produktions- und Vermarktungsphase aus. Die Deckungslast einer Periode - hier der Produktions- und Vermarktungsphase - umfasst den Anteil von Kosten, der der Periode zwar nicht spezifisch zurechenbar ist, aber gleichwohl durch die Deckungsbeiträge der Periode abgedeckt werden soll (vgl. dazu z.B. Riebel, 1990, S. 707). Die Abdeckung der Deckungslast wird durch die Gegenüberstellung mit den kumulierten Deckungsbeiträgen aus der mittleren Graphik verfolgt. Für das Beispiel wird deutlich, dass sich die Vor- und Nachleistungskosten des Produkts erst in der ersten Hälfte des vierten Jahres der Produktions- und Vermarktungsphase amortisieren. Dass heisst, dass das Produkt ab diesem Zeitpunkt einen Reingewinn erzielt.

※ Totalgewinn (Ergebnis)

Der Totalgewinn des Produkts ist in der oberen und unteren Graphik gleich hoch. Allerdings wird er in der oberen Graphik ermittelt, indem die totalen Erlöse den totalen Kosten gegenübergestellt werden. Dagegen ergibt er sich in der unteren Graphik, indem die Deckungsbeiträge der Produktions- und Vermarktungsphase den kumulierten Vor- und Nachleistungskosten gegenübergestellt werden.

※ Anwendungsnutzen

Auch die Vertreter des deckungsbeitragsorientierten Ansatzes sehen die besondere Bedeutung ihrer Lebenszyklusrechnung nicht darin, den Erfolg eines Produkts über den gesamten Produktlebenszyklus zu ermitteln. „Das letztendlich auflaufende Produktlebenszyklusergebnis ist zwar keineswegs eine unwichtige Information, als Istergebnis hat es jedoch vor allem bei relativ langen Produktlebenszyklen keinen besonders hohen Wert." (Männel, 1996, S. 75). Besondere Bedeutung wird der Produktlebenszyklusrechnung dagegen in den frühen Phasen des Produktlebenszyklusses zugeschrieben, weil in diesem Stadium eine noch weitreichende Möglichkeit zur Einflussnahme auf die Erfolgsvariablen besteht. Strategische Entscheidungen, die in den frühen Phasen des Produktlebenszyklus getroffen werden müssen, profitieren

von der rechnerischen Antizipation der gesamten Erfolgsauswirkungen im Produktlebenszyklus (vgl. z.B. Zehbold, 1996, S. 51). Zu diesen Entscheidungen gehören
z.B. die

– grundsätzliche Frage nach der Aufnahme eines Produkts in das Produktpro-
  gramm,

– langfristige Preispolitik.

2.4.4 Kritische Würdigung

Als wesentliche Vorteile des Product Lifecycle Costing sind insbesondere zu nennen:

❋ Die periodenübergreifende und damit wirklichkeitsnahe Abbildung der Ein- und
  Auszahlungen bzw. der Erlöse und Kosten. Damit werden Ergebnisverfälschungen
  vermieden, wie sie in der traditionellen Kostenrechnung dadurch entstehen, dass die
  Vor- und Nachleistungskosten i.d.R. zu Lasten der Perioden verrechnet werden, in
  denen sie anfallen - mit der Folge, dass sie als Gemeinkostenbestandteile die Produkte belasten, die diese Vor- und Nachleistungskosten nicht ausgelöst haben.

❋ Die Unterstützung strategischer Entscheidungen in den frühen Phasen des Produktlebenszyklusses. Dadurch wird eine Verbesserung des Produkterfolgs über den gesamten Lebenszyklus möglich. Die traditionelle Kostenrechnung eröffnet diese
  Möglichkeit nicht, weil sie periodenbezogen und statisch ausgelegt ist.

❋ Das investitionstheoretische Konzepts ist dem deckungsbeitragsorientierten Ansatz
  insofern überlegen, als es den Zeitwert des Geldes durch Diskontierung berücksichtigt und die Kluft zwischen Kostenrechnung und Investitionsrechnung schliessen
  hilft.

❋ Der deckungsbeitragsorientierte Ansatz ist dem investitionsorientierten Ansatz insofern überlegen, als er die üblicherweise von der Kostenrechnung erwarteten Informationen - z. B. über periodenbezogene Deckungsbeiträge - liefern kann.

Der Hauptnachteil des Product Lifecycle Costing besteht darin, dass die zur Unterstützung strategischer Entscheidungen in den frühen Phasen des Produktlebenszyklus notwendige Antizipation der gesamten Erfolgsauswirkungen eines Produkts über dessen
Lebenszyklus mit verschiedenen Unsicherheiten belastet ist:

❋ So greift man bei der Planung der Ein- und Auszahlungen bzw. der Erlöse und Kosten in der Produktions- und Vermarktungsphase häufig auf den in der Marketing-
  Literatur gebräuchlichen Produktlebenszyklus (vgl. dazu z.B. Wöhe, 1996, S. 645 -
  646) zurück. Nach diesem Produktlebenszyklus teilt sich die Produktions- und Vermarktungsphase ihrerseits in fünf weitere Phasen auf

- die Phase der Einführung des Produkts,
- die Wachstumsphase,
- die Reifezeit,
- die Sättigung,
- die Degeneration bis zum Tod des Produkts.

Nach diesem Konzept wirkt jede Phase anders auf die Ein- und Auszahlungen bzw. Erlöse und Kosten des Produkts. So laufen z.B. in der Einführungsphase die Einzahlung bzw. Erlöse des Produkts nur langsam an, während die Auszahlungen bzw. Kosten für Vertrieb besonders hoch sind. Dagegen steigen die Einzahlungen bzw. Erlöse in der Wachstumsphase sprunghaft an. In der Reifephase steigen die Auszahlungen bzw. Kosten für Verpackungspolitik und Verkaufsförderung, dagegen können die Auszahlungen bzw. Kosten für die Herstellung durch Lernkurveneffekte deutlich sinken.

Das Problem besteht nun darin, dass sich die dem Produkt-Lebenszyklus zu Grunde liegende Vorstellung vom Werden und Vergehen nicht halten lässt (vgl. dazu schon Dhalla / Yuspeh, 1976). Ein Produkt ist kein Mensch oder Tier, das zwangsläufig die Phasen Geburt - Wachstum - Reife - Alter - Tod durchläuft. Es gibt eine Fülle von Beispielen, die andere Verläufe dokumentieren.

- So gab es in Deutschland beim elektronischen Haustier „Tamagochi" praktisch keine Einführungsphase - das Produkt ging sofort in die Wachstumsphase.

- Der Motorroller „Vespa" schien schon gestorben, als er dank Modernisierungsmassnahmen eine Reinkarnation erlebte.

- Andere Produkte scheinen eine nicht enden wollende Reifephase zu durchleben. Gute Beispiel dafür sind schottischer Whiskey oder französische Parfums.

Das hat zur Folge, dass die in der Planung typischerweise unterstellten Verläufe von Ein- und Auszahlungen bzw. Erlöse und Kosten nicht eintreten müssen.

※ Sieht man von dem Problem ab, dass Ein- und Auszahlungen bzw. Erlöse und Kosten in der Produktions- und Vermarktungsphase nicht typisch verlaufen müssen, besteht ein weiteres - allerdings nicht systemimmanentes - Planungsproblem. Es ergibt sich daraus, dass grundsätzlich Unsicherheit über die Höhe der Ein- und Auszahlungen bzw. Erlöse und Kosten im Verlauf des Lebenszyklus besteht. Dies gilt umso mehr, je länger der Lebenszyklus ist (vgl. dazu Pfohl / Wübbenhorst 1983, S. 150).

Im Hinblick auf die Realisierung des Product Lifecycle Costing sind auch folgende Aspekte zu beachten:

❋ Die Konzeption des Product Lifecycle Costing ist nur mit einer adäquaten EDV-technischen Unterstützung zu realisieren. Die Prognose, Simulation und Planung von Produktlebenszyklusergebnissen erfordert den Einsatz eines leistungsstarken Management-Informations-Systems (MIS). Eine einheitliche Datenbasis (Data Warehouse, vgl. dazu Hannig, 1996, S. 1 - 3), die allerdings über mehrere Jahre zusammengeführt werden muss, ist eine vielversprechende Grundlage für den Aufbau eines EDV-gestützten, lebenszyklusbezogenen Produkt-Controlling.

❋ Da das Product Lifecycle Costing den Grossteil seiner Informationen aus den technischen Bereichen eines Unternehmens bezieht, ist eine intensive Zusammenarbeit zwischen Betriebswirtschaftslehre und Ingenieurwissenschaften erforderlich, um Schnittstellenprobleme möglichst frühzeitg zu unterbinden. Wie im Target Costing, ist also auch beim Product Lifecycle Costing der Einsatz interdisziplinär besetzter Teams erforderlich.

2.4.5   Integration von Target Costing, Product Lifecycle Costing und Prozesskostenrechnung

Ein wesentliches Charakteristikum der Zielkosten ist, dass sie auf die gesamte Lebensphase eines Produkts bezogen sind, d.h. alle Kosten des Produkts von den Entwicklungskosten bis hin zu den Entsorgungskosten vorgeben. Vor diesem Hintergrund erscheint es sinnvoll,

❋ die Einhaltung der Zielkosten über die Lebensphasen des Produkts zu verfolgen,

❋ die Entwicklung des Produkterfolgs über die Lebensphase zu verfolgen,

um bei problematischen Entwicklungen möglichst frühzeitig Anpassungsmassnahmen ergreifen zu können.

Datenlieferant zur Kontrolle der Zielkosten sowie des Produkterfolgs muss eine mehrperiodig angelegte Rechnung sein. Daher bietet es sich an, das Product Lifecycle Costing zur Unterstützung des Target Costing heranzuziehen. Berücksichtigt man ausserdem, dass die Drifting Costs des Produkts immer häufiger mit Hilfe der Prozesskostenrechnung ermittelt werden, bietet es sich darüber hinaus an, das Product Lifecycle Costing prozessorientiert auszugestalten. Wie eine solche Integration von Target Costing, Product Lifecycle Costing und Prozesskostenrechnung aussehen kann, beschreibt die Fallstudie V.

Fallstudie V: Kombination von Target Costing, Product Lifecycle Costing und Prozesskostenrechnung

(Die Daten für das Target Costing sind angelehnt an Coenenberg / Fischer / Schmitz, 1994, S. 2 - 14).

Einem Unternehmen der Medizintechnik liegt ein Auftrag für eine Spezialanfertigung eines Geräts zur medizinischen Diagnostik vor. Das Gerät erfüllt folgende Funktionen und weist folgende Produktkomponenten auf:

Funktionen	Produktkomponenten
F_1: Raumbedarf	K_1: Magnet
F_2: Patientendurchsatz	K_2: Electronic Cabinet
F_3: Bildqualität	K_3: Patientenliege
F_4: Montagezeit	K_4: Systemkomponenten
F_5: 3 D - Akquisition	K_5: Gradientenspule
F_6: Zuverlässigkeit	K_6: Hochfrequenz-Kabine
F_7: Bedienbarkeit	K_7: Montage / Installation (beim Kunden)

Ein Gerät mit diesen Funktionen und Produktkomponenten darf aus Sicht des Kunden nicht mehr als 400 000 DM kosten. Im Rahmen seines Kostenmanagement betreibt das Unternehmen Target Costing und ein prozessorientiertes Product Lifecycle Costing, um herauszufinden, ob es den Auftrag annehmen soll. Die geplante Umsatzrendite beträgt 5%, d.h. die Zielkosten betragen:

	Zielpreis	400 000 DM
-	5% Umsatzrendite	20 000 DM
=	Zielkosten	380 000 DM

Bei der Ermittlung der Zielkosten i.e.S. ist zu beachten, dass aus den Zielkosten folgende Budgets ausgegliedert werden, weil sich ihre Kosten nicht sinnvoll auf die Produktkomponenten aufspalten lassen:

Budgets für	budgetierte Kosten
Entwicklung	50 000 DM
Marketing/Vertrieb	4 000 DM
Verwaltung	16 000 DM
Wartung / Reparatur	10 000 DM
Summe budgetierter Kosten	**80 000 DM**

Somit ergeben sich als Zielkosten i.e.S.:

	Zielkosten	380 000 DM
-	budgetierte Kosten	80 000 DM
=	Zielkosten i.e.S.	300 000 DM

Die Drifting Costs i.e.S. der Spezialanfertigung werden auf der Basis von Erfahrungswerten unter Zuhilfenahme der Prozesskostenrechnung kalkuliert. Im Einzelnen ergeben sich folgende Kosten:

Kosten	Spezialanfertigung
Materialeinzelkosten	160 000 DM
+ Fertigungseinzelkosten einschliesslich der Montage beim Kunden	120 000 DM
+ Sondereinzelkosten der Fertigung	4 000 DM

Kosten	Spezialanfertigung
+ Prozesskosten	
※ Beschaffung	8 000 DM
※ Lager / Logistik	10 000 DM
※ Fertigungs- / Montageauftragssteuerung	12 000 DM
= **Drifting Costs i.e.S.**	**314 000 DM**

Der Kostensenkungsbedarf beträgt demnach

	Zielkosten i.e.S.	300 000 DM
-	Drifting Costs i.e.S.	314 000 DM
=	Kostensenkungsbedarf	14 000 DM

wenn man davon ausgeht, dass die budgetierten Kosten eingehalten werden.

Weiterhin geht das Unternehmen in seiner Planung von folgenden Daten aus:

※ Die Entwicklungs- und Konstruktionszeit wird mit einem Jahr veranschlagt. Es wird erwartet, dass in der Entwicklungs- bzw. Konstruktionszeit Kostensenkungsmassnahmen für den restlichen Lebenszyklus erarbeitet werden können, die die Drifting Costs (i.e.S.) um 14 000 DM senken. Das Unternehmen geht also davon aus, dass die Zielkosten eingehalten werden können.

※ Das Gerät wird im zweiten Jahr seines Lebenszyklusses produziert und abgesetzt.

※ Der Nachsorgezyklus wird mit 5 Jahren veranschlagt, in denen Wartung und Reparaturen anfallen. Beim Nachsorgezyklus handelt es sich um einen Garantiezyklus, d.h. in diesem Zeitraum kann nicht mit Erlösen gerechnet werden. Es wird davon ausgegangen, dass sich die Wartungs- und Reparaturkosten gleichmässig auf den Nachsorgezyklus verteilen.

※ Die dem Produkt zugeordneten Verwaltungskosten betragen pro Jahr 2 000 DM, mit Ausnahme des Produktions- und Absatzjahres. In diesem Jahr werden sie mit 4 000 DM veranschlagt, weil durch die Spezialanfertigung dieser Zeitraum verwaltungsintensiver ist als die anderen Jahren.

Auf der Grundlage der vorgenannten Planungsdaten kann die Lebenszyklusrechnung in t_0 z.B. wie folgt aussehen:

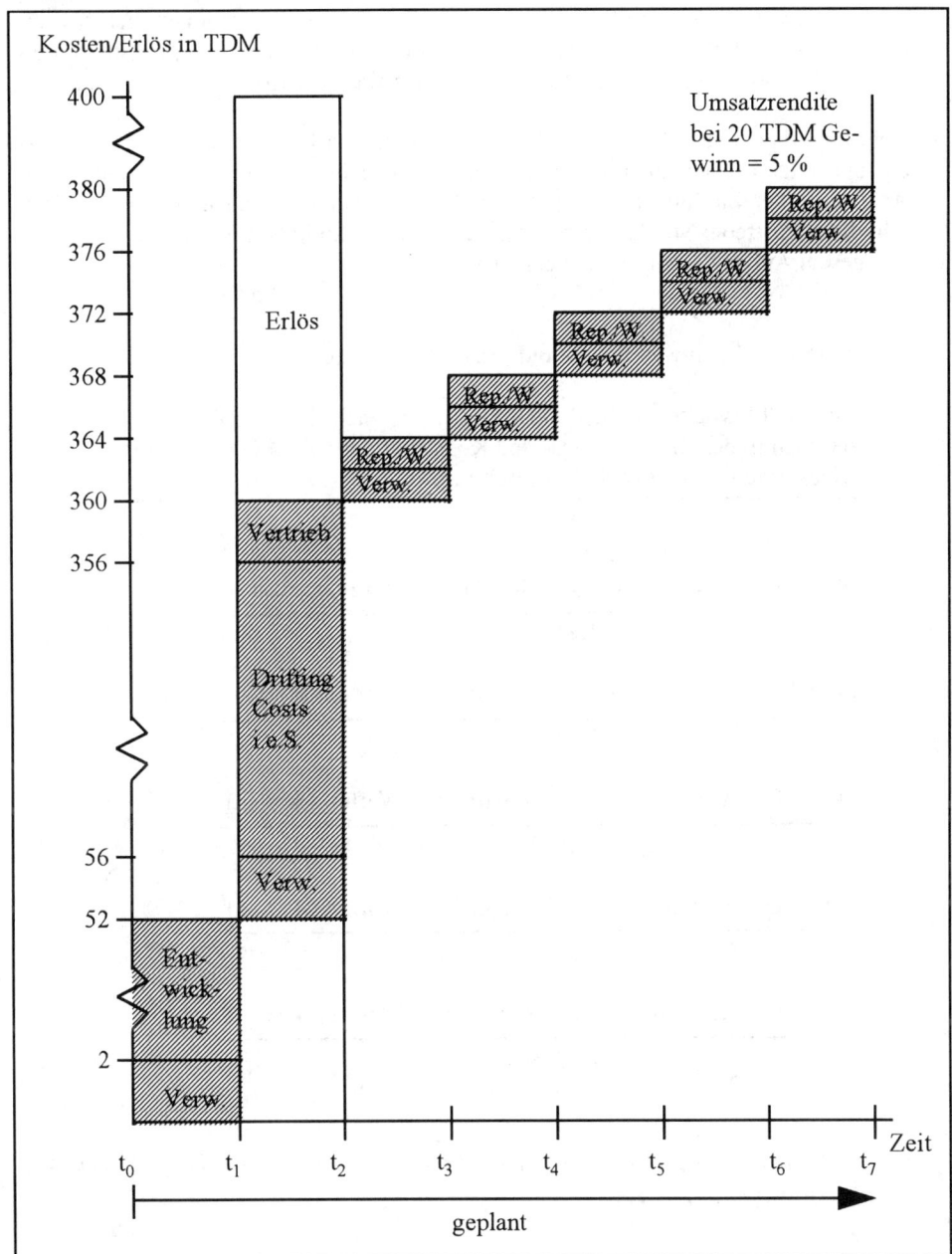

Abb. 20: Lebenszyklusrechnung in t_0

Erläuterungen:

❅ Aus kostenrechnerischer Sicht ist das Spezialgerät in t_o als vorteilhaft einzustufen, weil der Gesamterlös mit 400 000 DM über den als realisierbar angesehenen Zielkosten in Höhe von 380 000 DM liegt, d.h. ein Gewinn von 20 000 DM und damit die angestrebte Umsatzrendite in Höhe von 5% erwartet wird.

❅ Geht man davon aus, dass Geldanlagen am Kapitalmarkt zu 10% möglich sind, ist das Spezialgerät auch aus investitionsorientierter Sicht vorteilhaft zu beurteilen. Bei Abzinsung der Zahlungen mit 10% ergibt sich nämlich ein positiver Kapitalwert, d.h. die angestrebte Mindestrendite des investierten Kapitals in Höhe von 10% wird bei diesem Auftrag sogar noch überschritten.

-    52 000 DM (Entwicklungs- und Verwaltungskosten)

$$+ \quad \frac{(400\ 000\ \text{DM Erlös} - 300\ 000\ \text{DM DC i.e.S. nach Kostensenkungsmassnahmen in der Entwicklungs- und Konstruktionszeit} - 4\ 000\ \text{DM Vertriebskosten} - 4\ 000\ \text{DM Verwaltungskosten})}{1,1}$$

$$- \quad \frac{(4\ 000\ \text{DM Verwaltungs- und Reparatur- / Wartungskosten})}{1,21}$$

$$- \quad \frac{(4\ 000\ \text{DM Verwaltungs- und Reparatur- / Wartungskosten})}{1,331}$$

$$- \quad \frac{(4\ 000\ \text{DM Verwaltungs- und Reparatur- / Wartungskosten})}{1,4641}$$

$$- \quad \frac{(4\ 000\ \text{DM Verwaltungs- und Reparatur- / Wartungskosten})}{1,61051}$$

$$- \quad \frac{(4\ 000\ \text{DM Verwaltungs- und Reparatur- / Wartungskosten})}{1,771561}$$

= - 52 000 DM + 83 636 DM - 3 306 DM - 3 005 DM - 2 732 DM - 2 484 DM - 2 258 DM = **17 851 DM**

Kapitalwert und Umsatzrendite sind nicht unabhängig voneinander. Bei steigender Umsatzrendite steigt auch der Kapitalwert bzw. bei sinkender Umsatzrendite sinkt der Kapitalwert. Im Beispiel entspricht der geplanten Umsatzrendite in Höhe von 5% der Kapitalwert in Höhe von 17 851 DM. Niedrigere Kapitalwerte sind daher nicht uneingeschränkt positiv zu beurteilen, weil bei ihnen die geplante Umsatzrendite verfehlt wird.

Vor dem Hintergrund beider Rechnungen nimmt das Unternehmen den Auftrag zur Herstellung des Spezialgeräts an.

In t_1 wird festgestellt, dass das Budget für die Entwicklung um 10% überschritten wurde, d.h. die Ist-Entwicklungskosten betrugen 55 000 DM. Sofern diese Kostenüberschreitung in den nachfolgenden Lebenszyklusphasen nicht kompensiert werden kann, werden die Zielkosten bei Realisierung aller sonstigen Plandaten um 5 000 DM überschritten. Um Ansatzpunkte für Kostensenkungsmassnahmen zu gewinnen, führt das Unternehmen eine vertiefte Analyse der Zielkosten und Drifting Costs i.e.S. durch. Die Analyse erbringt folgende Ergebnisse:

Komponenten	relative Zielkosten	absolute Zielkostenanteile (i.e.S.)	relative Drifting Costs	absolute Anteile an den Drifting Costs	Kostenüber- (+) und -unterschreitung (-)
K_1	0,44	132 000 DM	0,31	93 000 DM	- 39 000 DM
K_2	0,26	78 000 DM	0,28	84 000 DM	+ 6 000 DM
K_3	0,05	15 000 DM	0,02	6 000 DM	- 9 000 DM
K_4	0,09	27 000 DM	0,12	36 000 DM	+ 9 000 DM
K_5	0,07	21 000 DM	0,03	9 000 DM	- 12 000 DM
K_6	0,04	12 000 DM	0,08	24 000 DM	+ 12 000 DM
K_7	0,05	15 000 DM	0,16	48 000 DM	+ 33 000 DM
Summe	1,00	300 000 DM	1,00	300 000 DM	0 DM

Die vertiefte Analyse zeigt, dass die grösste Kostenüberschreitung bei der Komponente K_7: Montage / Installation beim Kunden vorliegt. Das Unternehmen konzentriert daher seine Suche nach Kostensenkungsmassnahmen zunächst auf diese Komponente. Die Suche führt zu folgenden Ergebnissen:

※ Ursprünglich war vorgesehen, dass das Gerät in Einzelteilen beim Kunden angeliefert und dort komplett montiert wird.

※ Untersuchungen der Arbeitsvorbereitung haben ergeben, dass durch die Vormontage von Komponenten sowohl die Zahl der Ein- und Auslagerungen reduziert, als auch die Montagezeit insgesamt - d.h. im Werk und beim Kunden - verkürzt werden kann. Allerdings steigen durch die Vormontage die Prozesskosten für die Fertigungs- bzw. Montageauftragssteuerung. Im Einzelnen ergeben sich folgende Kostenauswirkungen bei der Vormontage von Produktkomponenten:

Kostenart	ursprüng-liche Kosten	erwartete Kostenände-rung	Kosten nach Kostensen-kungsmass-nahmen
Materialeinzelkosten			
+ Fertigungseinzelkosten einschliesslich Montage beim Kunden	46 000 DM	- 7 000 DM	39 000 DM
+ Sondereinzelkosten der Fertigung			
+ Prozesskosten			
※ Lager / Logistik	2 000 DM	- 500 DM	1 500 DM
※ Fertigungs- / Montageauftragssteuerung		+ 1 500 DM	1 500 DM
= Summe	48 000 DM	- 6 000 DM	42 000 DM

※ Die vorgesehenen Kostensenkungsmassnahmen führen im Plan zu einer Kostenreduktion in Höhe von 6 000 DM. Mit anderen Worten betragen also die geplanten Drifting Costs i.e.S. nun statt 300 000 DM nur noch 294 000 DM. Vor dem Hintergrund der neuen Informationen steigt damit die Umsatzrendite von 5% auf 5,25%.

Erläuterung:

Erlös	400 000 DM
- Ist-Entwicklungskosten	55 000 DM
- restliche budgetierte Kosten	30 000 DM
- neue Drifting Costs i.e.S.	294 000 DM
= **Gewinn**	**21 000 DM**

$$\text{Umsatzrendite} \quad = \quad \frac{21\ 000\ \text{DM}}{400\ 000\ \text{DM}} \quad = \quad 5,25\%$$

※ Der Kapitalwert steigt von 17 851 DM auf:

- **57 000 DM** (Ist-Entwicklungs- und Verwaltungskosten)

+ $\dfrac{(400\ 000\ \text{DM Erlös} - \textbf{294 000 DM}\ \text{DC i.e.S. nach Kostensenkungsmass-nahmen in } t_1 - 4\ 000\ \text{DM Vertriebskosten} - 4\ 000\ \text{DM Verwaltungskosten})}{1,1}$

- $\dfrac{(4\ 000\ \text{DM Verwaltungs- und Reparatur- / Wartungskosten})}{1,21}$

- $\dfrac{(4\ 000\ \text{DM Verwaltungs- und Reparatur- / Wartungskosten})}{1,331}$

- $\dfrac{(4\ 000\ \text{DM Verwaltungs- und Reparatur- / Wartungskosten})}{1,4641}$

- $\dfrac{(4\ 000\ \text{DM Verwaltungs- und Reparatur- / Wartungskosten})}{1,61051}$

- $\dfrac{\text{(4 000 DM Verwaltungs- und Reparatur- / Wartungskosten)}}{1,771561}$

$= \mathbf{- 57\ 000\ DM} + \mathbf{89\ 091\ DM} - 3\ 306\ DM - 3\ 005\ DM - 2\ 732\ DM - 2\ 484\ DM$
$- 2\ 258\ DM = \mathbf{18\ 306\ DM}$

Der Anstieg des Kapitalwerts ist dadurch zu erklären, dass der um 5 000 DM erhöhten Auszahlung in der Entwicklungs- und Konstruktionszeit eine um 6 000 DM verminderte Auszahlung in der Vermarktungsphase gegenübersteht.

Probe:

Kapitalwert in t_1:		18 306 DM
Kapitalwert in t_0:		17 851 DM
Differenz	+	**455 DM**
Mehrauszahlung in der Konstruktionsphase	-	5 000 DM
Minderauszahlung in der Vermarktungsphase	+	6 000 DM
		1,1
Differenz	+	**455 DM**

※ Graphisch kann die Lebenszyklusrechnung in t_1 wie folgt dargestellt werden:

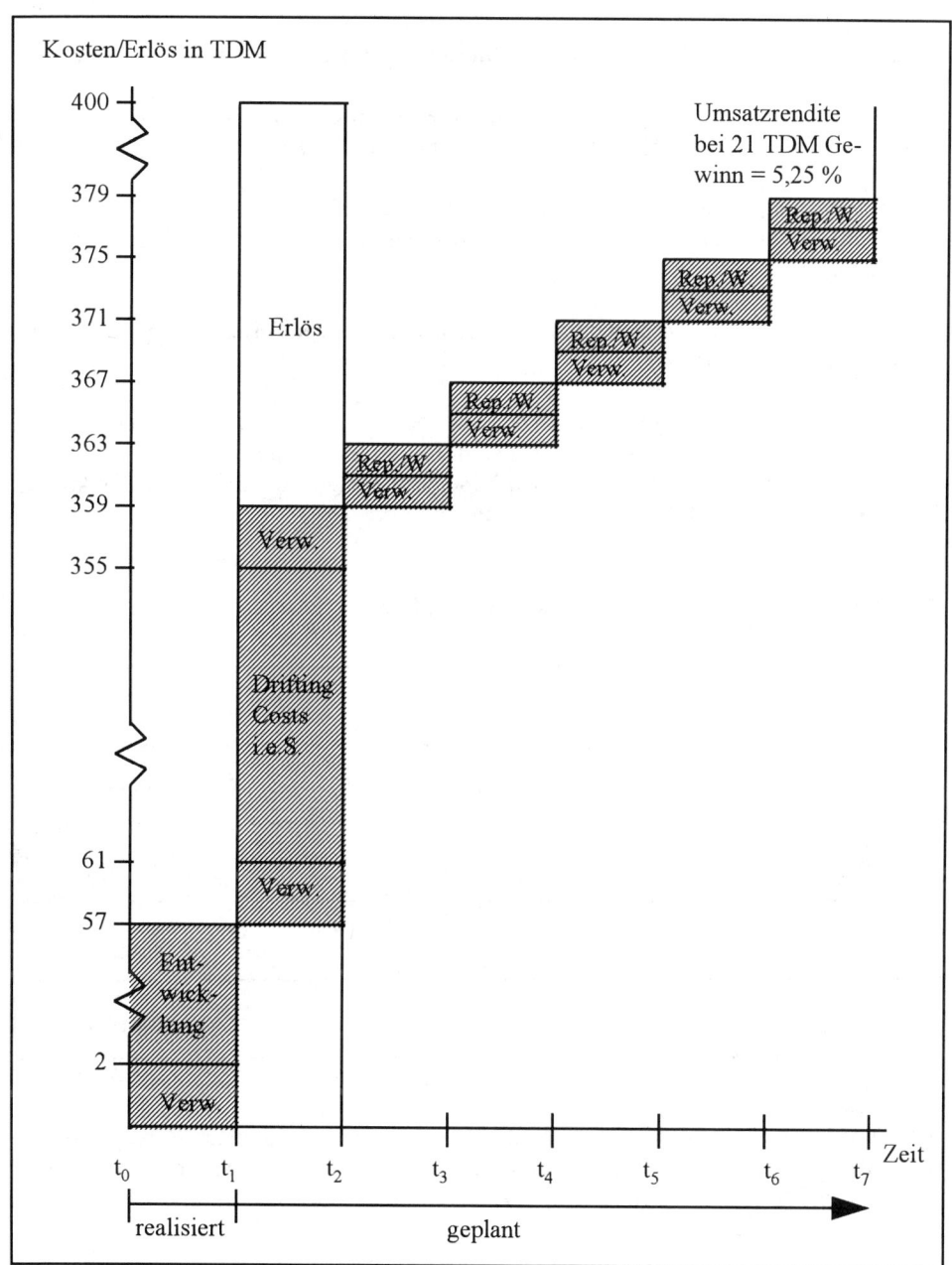

Abb. 21: Lebenszyklusrechnung in t_1

In t_2 wird festgestellt, dass

❋ die Budgets für Vertriebs- und Verwaltungskosten eingehalten werden konnten,

❋ es unvorgesehene Preiserhöhungen beim Materialeinsatz in Höhe von 2% gegeben hat, d.h. die Ist-Materialeinzelkosten betragen 163 200 DM,

❋ die in t_1 mit 113 000 DM geplanten Fertigungseinzelkosten (= 120 000 DM in t_0 geplant - 7 000 DM Einsparungen aus Kostensenkungen in t_1) realisiert werden konnten,

❋ die in t_1 mit 4 000 DM geplanten Sondereinzelkosten der Fertigung um 2 000 DM unterschritten werden konnten,

❋ das Spezialgerät mehr Prozesse in den indirekten Bereichen in Anspruch genommen hat als geplant, so dass den in t_1 mit 31 000 DM geplanten Prozesskosten (= 30 000 DM in t_0 geplant + 1 000 DM Kostenerhöhung in t_1) in t_2 Ist-Prozesskosten in Höhe von 34 000 DM gegenüberstehen.

Die Drifting Costs (i.e.S.) im Ist ergeben sich somit aus:

Materialeinzelkosten	163 200 DM
+ Fertigungseinzelkosten	113 000 DM
+ Sondereinzelkosten der Fertigung	2 000 DM
+ Prozesskosten	34 000 DM
= **Ist-Drifting Costs (i.e.S.)**	**312 200 DM**

Untersuchungen ergeben, dass bei den im Nachsorgezyklus anfallenden Reparatur- und Wartungskosten sowie den Verwaltungskosten voraussichtlich keine Kostensenkungspotentiale mehr bestehen.

Unter Berücksichtigung dieser Daten sieht die Lebenszyklusrechnung in t_2 wie folgt aus:

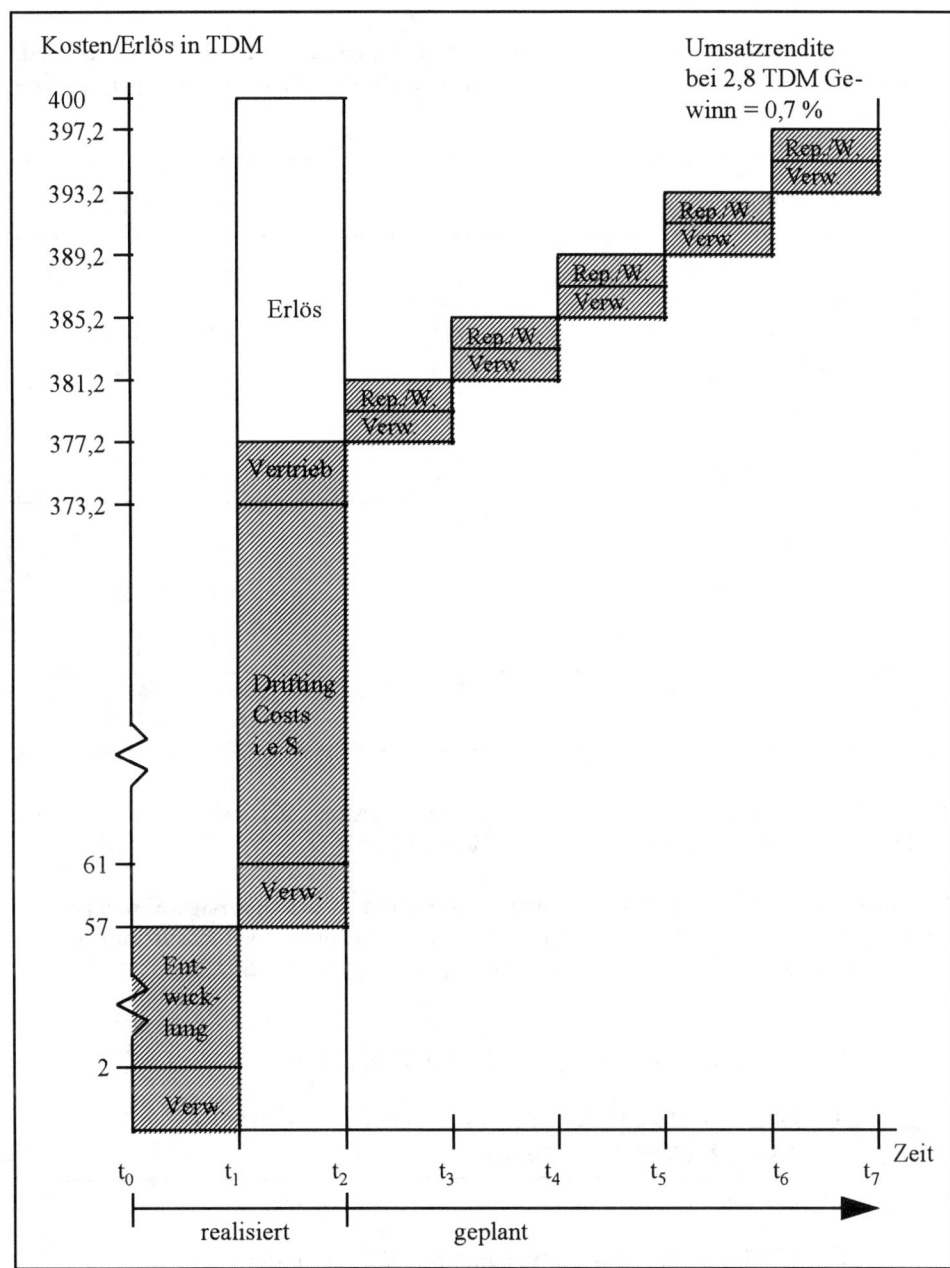

Abb. 22: Lebenszyklusrechnung in t_2

Erläuterungen:

✳ Aus kostenrechnerischer Sicht ist das Spezialgerät gerade noch erfolgsversprechend, weil sein Gesamterlös noch über den schon realisierten bzw. noch geplanten Gesamtkosten liegt.

Gesamterlös	400 000 DM
- Istkosten	
✳ Entwicklung	55 000 DM
✳ Verwaltung	6 000 DM
✳ Vertrieb	4 000 DM
✳ Drifting Costs	312 200 DM
- Plankosten	
✳ Verwaltung	10 000 DM
✳ Reparatur / Wartung	10 000 DM
= **Gewinn**	**2 800 DM**

Mit 2 800 DM Gewinn wird jedoch statt der angestrebten Umsatzrendite von 5% nur eine Umsatzrendite in Höhe von 0,7% erreicht.

✳ Auch aus investitionsorientierter Sicht zeigt sich, dass das Spezialgerät nicht mehr uneingeschränkt positiv zu beurteilen ist. Es hat zwar noch einen positiven Kapitalwert, er liegt aber deutlich unter dem Zielkapitalwert von 17 851 DM.

-   **57 000 DM** (Ist-Entwicklungs- und Verwaltungskosten)

+ $\dfrac{(400\,000\text{ DM Erlös} - \textbf{312 200 DM}\text{ Ist-DC i.e.S.} - 4\,000\text{ DM Ist-Vertriebskosten} - 4\,000\text{ DM Ist-Verwaltungskosten})}{1,1}$

-   $\dfrac{(4\,000\text{ DM Verwaltungs- und Reparatur- / Wartungskosten})}{1,21}$

-    $$\frac{(4\ 000\ \text{DM Verwaltungs- und Reparatur- / Wartungskosten})}{1,331}$$

-    $$\frac{(4\ 000\ \text{DM Verwaltungs- und Reparatur- / Wartungskosten})}{1,4641}$$

-    $$\frac{(4\ 000\ \text{DM Verwaltungs- und Reparatur- / Wartungskosten})}{1,61051}$$

-    $$\frac{(4\ 000\ \text{DM Verwaltungs- und Reparatur- / Wartungskosten})}{1,771561}$$

= **- 57 000 DM + 72 545 DM** - 3 306 DM - 3 005 DM - 2 732 DM - 2 484 DM
- 2 258 DM = **1 760 DM**

Am Ende von t_7 wird schliesslich festgestellt, dass im letzten Jahr des Nachsorgezyklusses eine grössere Reparatur als geplant anfiel. Die Wartungs- bzw. Reparaturkosten des letzten Jahres beliefen sich daher nicht auf 2 000 DM, sondern auf insgesamt 6 000 DM.

Die Lebenszyklusrechnung am Ende des Lebenszyklusses des Spezialgeräts (t_7) sieht dann wie folgt aus:

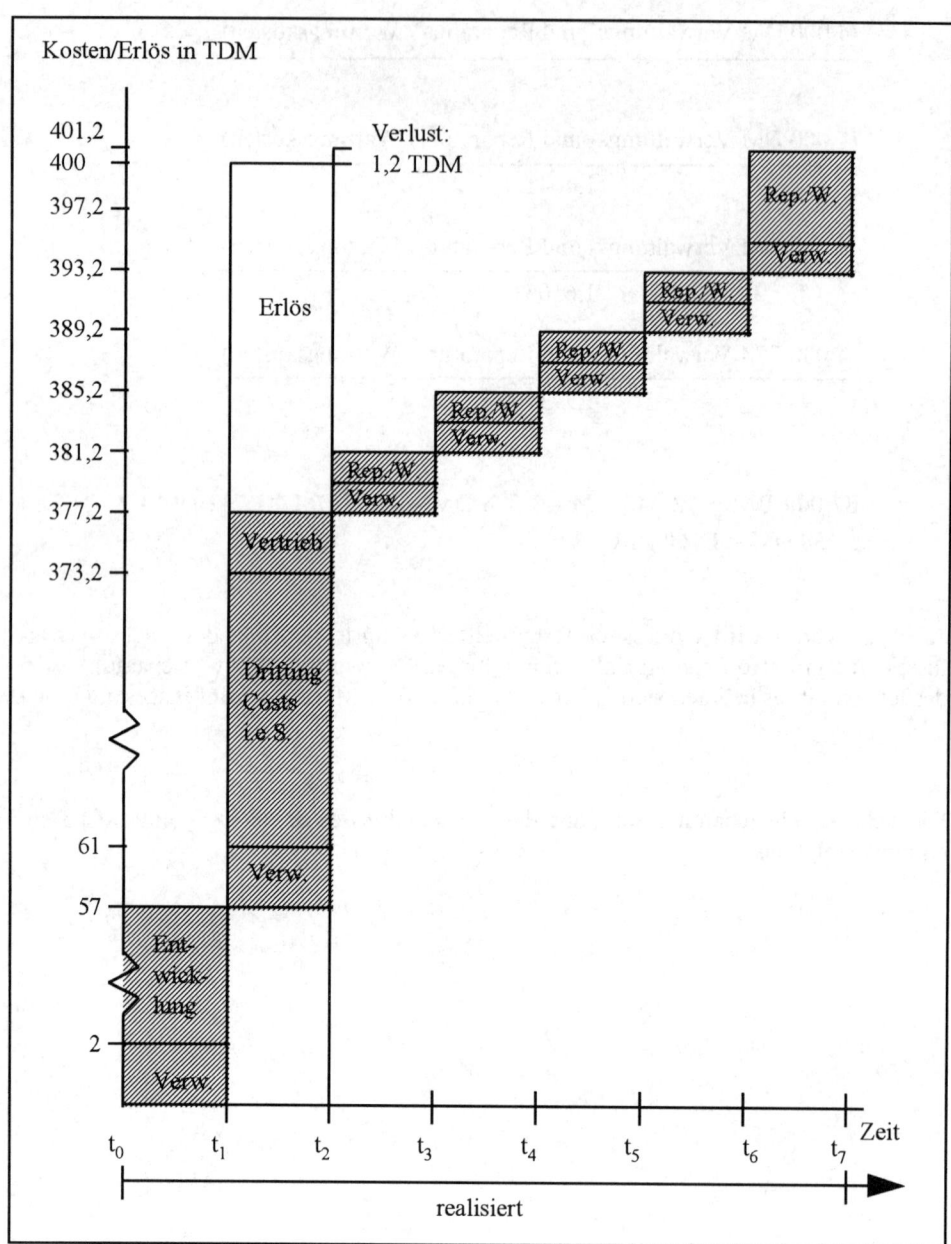

Abb. 23: Lebenszyklusrechnung in t_7

Erläuterungen:

※ Aus kostenrechnerischer Sicht ist die Annahme des Auftrags zur Herstellung des Spezialgeräts eine Fehlentscheidung gewesen, weil der Erlös in Höhe von 400 000 DM die Gesamtkosten in Höhe von 401 200 DM nicht decken kann.

※ Auch aus investitionsorientierter Sicht ist das Spezialgerät nicht mehr positiv zu beurteilen, weil sich bei einem Kalkulationszinsfuss von 10% ein negativer Kapitalwert in Höhe von

-     57 000 DM (Ist-Entwicklungs- und Verwaltungskosten)

$$+ \quad \frac{(400\,000\text{ DM Erlös} - 312\,200\text{ DM Ist-DC i.e.S.} - 4\,000\text{ DM Ist-Vertriebskosten} - 4\,000\text{ DM Ist-Verwaltungskosten})}{1{,}1}$$

$$- \quad \frac{(4\,000\text{ DM Verwaltungs- und Reparatur- / Wartungskosten})}{1{,}21}$$

$$- \quad \frac{(4\,000\text{ DM Verwaltungs- und Reparatur- / Wartungskosten})}{1{,}331}$$

$$- \quad \frac{(4\,000\text{ DM Verwaltungs- und Reparatur- / Wartungskosten})}{1{,}4641}$$

$$- \quad \frac{(4\,000\text{ DM Verwaltungs- und Reparatur- / Wartungskosten})}{1{,}61051}$$

$$- \quad \frac{(\textbf{8\,000 DM} \text{ Verwaltungs- und Reparatur- / Wartungskosten})}{1{,}771561}$$

= - 57 000 DM + 72 545 DM - 3 306 DM - 3 005 DM - 2 732 DM - 2 484 DM - 4 516 DM = **- 498 DM**

ergibt. Ein negativer Kapitalwert sagt aus, dass die gewünschte Mindestverzinsung nicht erreicht wird bzw. dass die Investition sich gar nicht rentiert. (Die Ermittlung des internen Zinsfusses ist im vorliegenden Fall nicht möglich, weil die Zahlungsreihe mehr als einen Vorzeichenwechsel aufweist.)

2.5 Cost Benchmarking

2.5.1 Grundzüge des Benchmarking

▓ Ursprung

Das amerikanische Unternehmen Xerox befand sich Ende der 70´iger Jahre in einer schwierigen Wettbewerbsposition, weil die Qualität der Produkte den Anforderungen des Marktes nicht genügte und die Kosten zu hoch waren. So brachte z.B. der Konkurrent Canon aus Japan einen Kopierer zu einem Verkaufspreis auf den Markt, der wesentlich unter den Herstellkosten für vergleichbare Geräte bei Xerox lagen. Dadurch fielen die Marktanteile von Xerox auf dem Kopiermarkt steil ab. Mit enormen Anstrengungen hinsichtlich Qualitätsverbesserungen und Kostensenkungen hat Xerox diese Krise überwunden und konkurriert heute wieder erfolgreich auf dem Markt. Wesentliches Instrument dabei war die Einführung des Leadership Quality-Programms im Jahre 1983, das sich aus den Bausteinen

– Einbindung der Mitarbeiter,

– Benchmarking,

– Qualitätsverbesserungsprozess

zusammensetzte. Neu und von besonderer Bedeutung war vor allem das Benchmarking.

▓ Definitionen

Benchmark

Unter einem Benchmark versteht man einen (Vergleichs-) Massstab.

Benchmarking

Unter Benchmarking versteht man einen kontinuierlichen, systematischen Prozess, in dem grundsätzlich alles, was man beobachten und messen kann, mit korrespondierenden Grössen anderer Unternehmen oder anderer Unternehmensbereiche verglichen wird. Ziel dieses Vergleichs ist die Gewinnung von Informationen, mit denen das eigene Unternehmen bzw. der eigene Bereich seine relative Position verbessern kann. Benchmarking richtet sich nicht nur auf marktnahe Bereiche wie z.B. die Produktgestaltung, sondern auch auf die innerbetriebliche Leistungserstellung. Insofern geht Benchmarking weiter als die klassische Konkurrenten- bzw. Wettbewerbsanalyse.

Benchmarking-Objekte

Benchmarks können inhaltlich sehr unterschiedlich sein. Häufig werden monetäre oder nicht monetäre Kennzahlen als Benchmarks verwendet.

Beispiele:

Monetäre Kennzahlen	Nicht monetäre Kennzahlen
※ Kosten im Verhältnis zum Umsatz	※ Lieferzeiten
※ Umsatzrentabilität	※ Durchlaufzeiten
※ Umsatz pro Mitarbeiter	※ Anzahl Fehler
※ Logistikkosten	※ Anzahl Reklamationen
※ Prozesskosten	※ Anzahl Zwischenläger
※ Cash Flow	※ Umschlagshäufigkeit

Aber auch das fertige Produkt, die angebotene Dienstleistung oder Arbeitsprozesse können Benchmarks sein.

※ **Arten des Benchmarking**

Man kann Benchmarking nach verschiedenen Kriterien unterscheiden, nämlich nach

- dem Benchmarking-Objekt in: Prozess- oder Produkt-Benchmarking,

- dem Zeithorizont in: Strategisches, taktisches und operatives Benchmarking,

- der Zielsetzung in: Qualitäts-Benchmarking oder Kosten-Benchmarking (vgl. dazu 2.5.4 Cost Benchmarking-Prozess).

Weit verbreitet ist auch die Unterscheidung nach dem Vergleichspartner in:

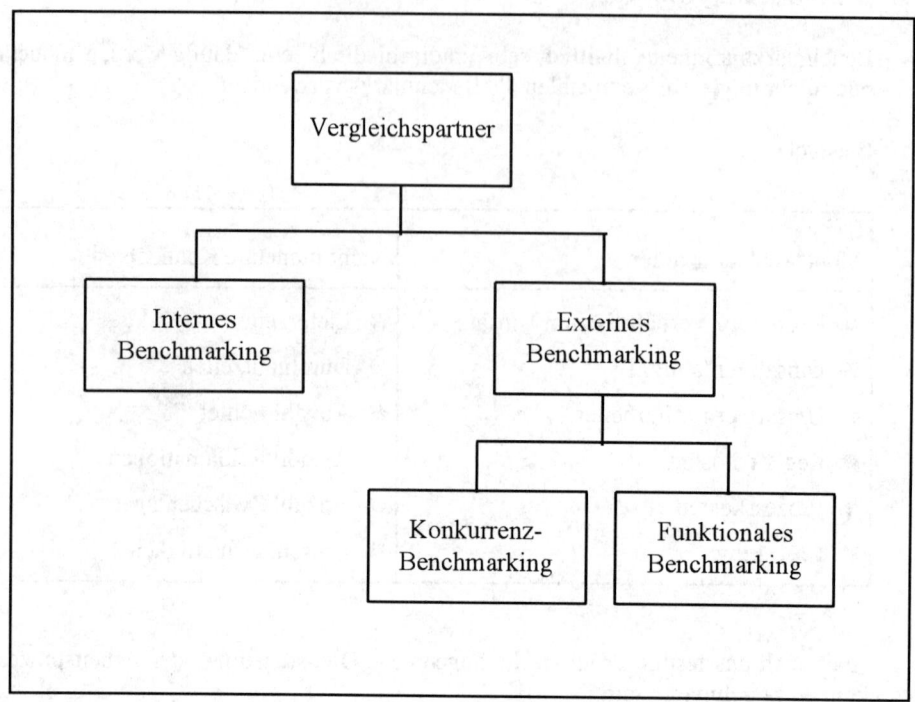

Abb. 24: Benchmarking-Arten nach dem Vergleichspartner

Zum internen Benchmarking

Beim internen Benchmarking werden die Benchmarking-Objekte verschiedener Sparten und Geschäftsbereiche eines Unternehmens miteinander verglichen. Internes Benchmarking kann aufdecken, dass es trotz zentralisierter Arbeitsanweisungen und Richtlinien häufig Unterschiede in den Arbeitsprozessen einer Organisation gibt. Diese Unterschiede sind das Ergebnis von geographischen oder entwicklungsgeschichtlichen Unterschieden, der Mentalität und Motivationsfähigkeit von Führungskräften sowie der Mentalität der Mitarbeiter an den verschiedenen Standorten. Internes Benchmarking kann ermitteln, dass einige der bestehenden Arbeitsprozesse in einem Bereich der Organisation effizienter ausgeführt werden als in anderen Bereichen und hilft so, den Leistungsstandard in der ganzen Organisation zu erhöhen. Internes Benchmarking wird häufig vor einem externen Benchmarking eingesetzt.

Zum externen Benchmarking

Beim externen Benchmarking werden Prozesse, Abläufe oder andere Benchmarking-Objekte des eigenen Unternehmens mit denen anderer Unternehmen verglichen. Dabei kann weiter unterschieden werden, ob es sich bei dem fremden Unternehmen um einen direkten Konkurrenten oder ein branchenfremdes Unternehmen handelt. Im ersten Fall spricht man von Konkurrenz-Benchmarking, im zweiten Fall von funktionalem Benchmarking.

Zum Konkurrenz-Benchmarking

Das Konkurrenz-Benchmarking hat eine besondere Bedeutung, weil die relative Marktposition des eigenen Unternehmens im Vergleich zum Wettbewerber ermittelt wird und man somit Transparenz über die eigene Stellung am Markt erhält. In vielen Fällen stellen die Geschäftspraktiken der Konkurrenten allerdings keine Weltklasse-Leistungen dar. Der Lernerfolg aus dem Benchmarking ist dann nicht optimal. Dennoch sind diese Informationen sinnvoll, weil sie das eigene Unternehmen mit Angaben versorgt, die sich wahrscheinlich auf die Meinung der Kunden, Lieferanten, Aktionäre etc. auswirken.

Zum funktionalen Benchmarking

Der Schlüssel zu langfristigem Erfolg liegt nicht in der Gleichheit mit der eigenen Konkurrenz, sondern in der Überlegenheit. Unternehmen müssen daher versuchen, vom „Weltmeister" zu lernen bzw. zum „Weltmeister" zu werden. Hierfür eignet sich besonders das funktionale Benchmarking, das die eigenen Abläufe etc. mit denen branchenfremder Unternehmen vergleicht. Durch die Übertragung überlegener Vorgehensweisen können Leistungssprünge erreicht werden, die mit Konkurrenz-Benchmarking oder internem Benchmarking nicht zu erzielen sind. So lernte z.B. die Firma Xerox vom weltgrössten Versender von Fischereizubehör, wie man den Ablauf „Kommissionierung von Kundenaufträgen" wesentlich einfacher, effizienter und billiger gestalten kann. Gerade diese Offenheit für bessere Abläufe und der Zwang zu kreativem Durchdenken der eigenen Prozesse zeichnet funktionales Benchmarking aus.

▨ Bewertung der Benchmarking-Arten

Zusammenfassend und ergänzend lassen sich die Benchmarking-Arten wie folgt bewerten (vgl. dazu Spendolini, 1992, S. 17 und Pieske, 1994, S. 20):

Art	Vorteile	Nachteile
Internes Benchmarking	※ relativ einfache und schnelle Datenerfassung durch Nutzung vorhandener Reporting-Systeme und einheitliche Datenbasis ※ geringe Kosten ※ Einbindung der Mitarbeiter erhöht die Akzeptanz ※ innerhalb des Unternehmens wird „eine Sprache" gesprochen, wodurch Missverständnisse vermieden werden	※ Konkurrenz zwischen den einzelnen Unternehmensbereichen behindert den Benchmarking-Prozess ※ Betriebsblindheit, d.h. begrenzter Blickwinkel, wodurch „revolutionäre" Lösungsansätze nicht durchdacht werden
Konkurrenz-Benchmarking	※ Relevanz der Informationen für das eigene Geschäft ※ vergleichbare Prozesse und Produkte ※ Eindeutige Positionierung im Vergleich zu den Mitbewerbern	※ bei relativ starken Unternehmen fehlende Vergleichspartner ※ relativ grosse Probleme bei der Informationsbeschaffung ※ Branchenblindheit, d.h. die Konkurrenz ist oftmals nicht der Weltbeste
Funktionales Benchmarking	※ relativ hohes Potential, neue branchenuntypischen Lösungen zu finden ※ Förderung der Kreativität im Unternehmen ※ einfacherer, offenerer Informationsaustausch, da kein Wettbewerbsverhältnis besteht ※ grosse Leistungssprünge werden möglich	※ geringere Prozess- und Produktvergleichbarkeit ※ hoher Aufwand bei der Anpassung gefundener Lösungen an das eigene Unternehmen ※ hoher Zeitaufwand

Abb. 25: Bewertung der Benchmarking-Arten

▓ Der Benchmarking-Prozess

Über zwanzig erfolgreiche Benchmarking-Organisationen haben ein Modell des Benchmarking-Prozesses entwickelt - das Sechs-Stufen-Modell:

1. Stufe

- Festlegen des Benchmarking-Objekts, d.h. der Grösse, die durch das Benchmarking analysiert werden soll (Produkte, Kosten etc.).
- Bilden eines Benchmarking-Teams. Das Team sollte sich aus Mitarbeitern unterschiedlicher Abteilungen zusammensetzen, die auf den jeweiligen Gebieten Spezialisten sind.

2. Stufe

- Beschaffung von Benchmarks.
- Quellen für Benchmarks beim Konkurrenz-Benchmarking oder beim funktionalen Benchmarking sind :
    - Berichte und andere öffentlich zugängige Quellen
    - Erfahrungen aus Firmenbesuchen („Intelligence Service")
    - Einschaltung neutraler Consultants

      Diese Consultants führen gezielt Benchmark-Studien im Auftrag von Unternehmen durch, wobei die Anonymität der jeweils befragten, anderen Unternehmen gewahrt bleibt. Der Computerhersteller NCR (the networked computed resource of AT & T) ist diesen Weg erfolgreich gegangen, indem ein US Consulting Unternehmen eingeschaltet wurde.
    - Gespräche mit anderen Unternehmen
    - Nutzung vorhandener Datenbanken

3. Stufe

- Vergleich und Analyse des / der Probleme.
- Benchmark-Techniken

Drill-Down-Technik

Die Drill-Down-Technik ähnelt dem Vorgehen beim Aufstellen von Kennzahlensystemen. Man geht von oben nach unten vor. Ausgangspunkt ist der Vergleich des Benchmarks mit der eigenen Grösse. Daran anschliessend versucht man, schrittweise die Einflussfaktoren für die verglichene Grösse offenzulegen und tastet sich damit immer näher an die eigentliche Ursache für die Abweichung heran.

Beispiel:

Die Telekom hat ein Benchmarking mit 5 anderen Telekommunikations-Unternehmen durchgeführt (British Telecom, France Telecom, Swedish Telecom, Nippon Telegraph and Telephon und Meritech Bell Atlantic). Es wurde u.a. festgestellt, dass die Investitionsquote der Telekom in den Jahren 1985 bis 1990 wesentlich höher war, als die der Vergleichsunternehmen.

$$\text{Investitionsquote} = \frac{\text{Nettoinvestitionen bei Sachanlagen}}{\text{Sachanlagevermögen zu historischen Anschaffungspreisen}}$$

Die Telekom hätte also technologisch besser entwickelt sein müssen, als die anderen Unternehmen. Das war aber nicht der Fall. Die Telekom hatte eher eine Folger- als eine Führerposition im Hinblick auf die technologische Ausstattung. Der Grund dafür war, dass die Telekom nicht zuletzt aufgrund industriepolitischer Vorgaben der Bundesrepublik Deutschland überhöhte Einkaufspreise an lokale Lieferanten zu zahlen hatte.

Traffic-lighting-Technik

Anhand von periodischen Vergleichen und dem Beobachten der Entwicklung der Benchmarks werden den untersuchten Grössen die Ampelfarben rot, gelb und grün zugeordnet. Grün bedeutet, dass die Grösse im unkritischen Bereich liegt. Sie wird dann im Benchmark-Prozess nicht weiter analysiert. Gelb bedeutet, dass die Grösse im kritischen Bereich liegt und rot, dass der Bereich sehr kritisch ist. Gelbe und rote Grössen werden dann mit Hilfe der Drill-Down-Technik weiter analysiert.

Kritische Werte am Beispiel der Ausbringungsmenge:

unter dem Break-Even-Point	sehr kritisch	rot
Break-Even-Point	kritisch	gelb
Über dem Break-Even-Point	unkritisch	grün

4. Stufe: Herausarbeiten von Lösungsmöglichkeiten

5. Stufe: Einleiten von Massnahmen

6. Stufe: Analyse der Ergebnisse

▨ **Beispiel für einen Benchmarking-Prozess**

Der wirtschaftliche Erfolg neuer Produkte im Wettbewerbsmarkt hängt vom Treffen des gegebenen Marktfensters ab. Folglich ist die Entwicklungszeit „rückwärts" vom Marktfenster zum Entwicklungsstart zu planen, wobei die Entwicklungszeit aus Kostengründen möglichst kurz sein sollte. Vor diesem Hintergrund ist das folgende Balkendiagramm zu sehen:

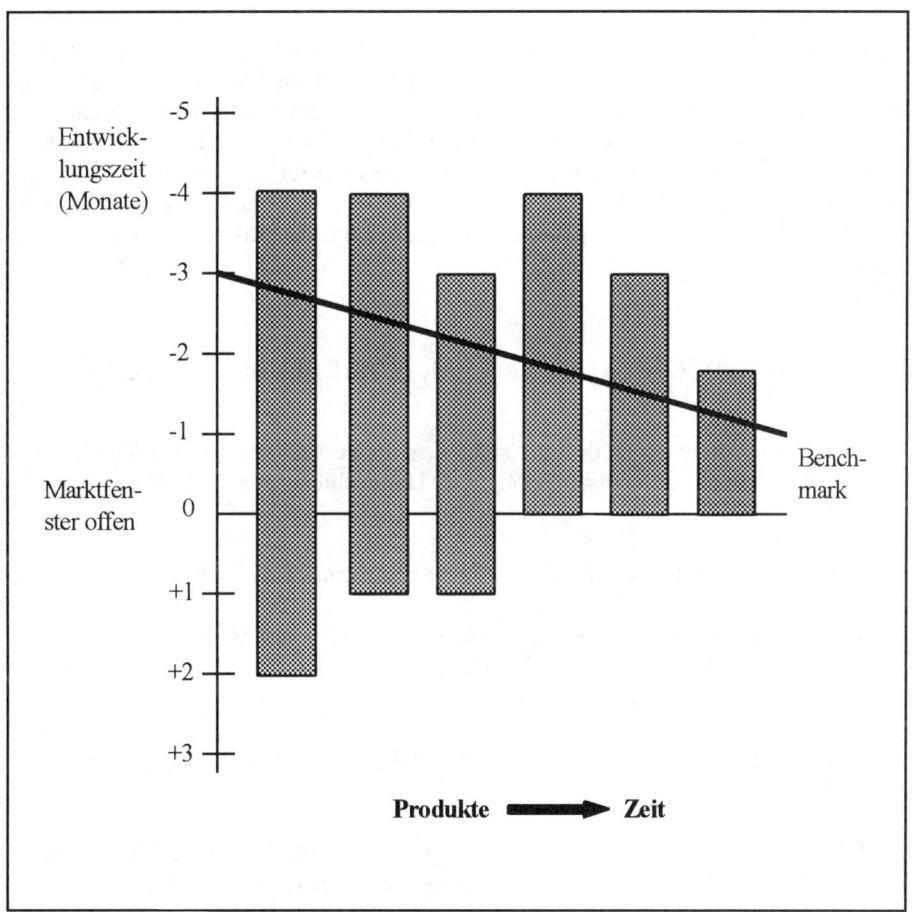

Abb. 26: Beispiel für einen Benchmarking-Prozess

Bei dem ersten Produkt wurde das Marktfenster nicht getroffen (+2) und die Entwicklungszeit war mit sechs Monaten viel zu lang. Das zeigt der Vergleich mit dem Benchmark, bei dem die Entwicklungszeit nur drei Monate betrug. Bei den letzten drei Produkten wurde das Marktfenster getroffen und die Entwicklungszeit reduziert. Beim letzten Produkt betrug sie nur noch zwei Monate. Sie ist aber immer noch nicht so gut wie der Benchmark, dessen Entwicklungszeit nur noch einen Monat beträgt. An diesem Beispiel kann man schön sehen, dass Benchmarks dynamische Parameter sind, die sich fortlaufend über die Zeit verbessern, denn im Zeitablauf ist die Entwicklungszeit des Benchmarks von drei auf einen Monat gesunken.

2.5.2 Zielsetzung des Cost Benchmarking

Cost Benchmarking ist eine spezielle Form des Benchmarking, die primär auf die Senkung des Kostenniveaus ausgerichtet ist. Aus dem Vergleich mit anderen Unternehmen oder anderen Unternehmensbereichen sollen Informationen gewonnen werden, wie das eigene Unternehmen seine Kostenposition verbessern kann, um „der Beste der Besten" zu werden. Die Bestimmung der relativen Kostenposition des eigenen Unternehmens sowie die Analyse der Kostenunterschiede und ihrer Ursachen bilden den Ausgangspunkt für die angestrebte Beeinflussung der Kostenantriebskräfte und damit der eigenen Kostenstruktur.

2.5.3 Abgrenzung von Cost Benchmarking und Kaizen Costing

Cost Benchmarking darf nicht mit Kaizen Costing verwechselt werden. Die Instrumente weisen folgende Gemeinsamkeiten und Unterschiede auf (vgl. Horvath / Lamla, 1995):

※ Beides sind Instrumente, die die Kostenposition eines Unternehmens beeinflussen.

※ Ziel des Cost Benchmarking ist es, das Kostenniveau in spürbaren Quantensprüngen zu senken. Dagegen ist es das Ziel des Kaizen Costing, eine stetige Kostensenkung in kleinen Schritten zu erreichen.

※ Der Zeithorizont ist beim Cost Benchmarking langfristig, beim Kaizen Costing kurzfristig.

※ Betrachtungsobjekte beim Cost Benchmarking sind die Kosten. Betrachtungsobjekte beim Kaizen Costing sind die im Unternehmen ablaufenden Prozesse.

※ Cost Benchmarking ist ein Instrument, das fallweise eingesetzt wird. Kaizen Costing wird dagegen ständig angewendet.

※ Cost Benchmarking wird durch ein Benchmarking-Team durchgeführt. Kaizen Costing wird von allen Mitarbeitern, besonders von denen der operativen Ebene, angewendet.

※ Sofern Cost Benchmarking mit Konkurrenten oder branchenfremden Unternehmen durchgeführt wird, trägt es aus dem Markt abgeleitete Kostenziele in das Unternehmen herein. Das ist beim Kaizen Costing nicht der Fall.

2.5.4 Cost Benchmarking-Prozess

In der Literatur herrscht Einigkeit darüber, dass sich Cost Benchmarking und Prozesskostenrechnung gut ergänzen (vgl. z.B. Serfling / Schultze, 1997). Der Grund dafür ist, dass Cost Benchmarking gerade in den indirekten Bereichen - also dem Einsatzgebiet der Prozesskostenrechnung - hohe Kostensenkungspotentiale verspricht, weil

※ in diesen Bereichen Interessenkonflikte mit Konkurrenten geringer als in den direkten Bereichen sind, d.h. ein Konkurrenz-Benchmarking eher Aussicht auf Erfolg hat,

※ ein branchenübergreifender Vergleich am ehesten möglich ist, d. h. Cost Benchmarking als funktionales Benchmarking ausgestaltet werden kann.

Daher erläutert das nachfolgende Beispiel den Cost Benchmarking-Prozess in Zusammenhang mit der Prozesskostenrechnung.

Beispiel (vgl. Horváth / Gleich / Lamla, 1993, S. 214 - 215):

Unternehmen A hat das Unternehmen B als Partner für ein Cost Benchmarking gewinnen können. Als Benchmarking-Objekt wurden die Kosten des Prozesses

Montageauftrag abwickeln

sowie seiner Subprozesse

Auftrag terminieren
Material disponieren

Arbeit verteilen und Arbeitspapiere bereitstellen
Arbeitsfortschritt überwachen

ausgewählt.

Die Kosten des Prozesses sowie seiner Subprozesse wurden bei beiden Unternehmen auf der Basis von Kostenanalysen nach der Prozesskostenrechnung ermittelt:

Benchmarking-Objekt	Unternehmen A	Unternehmen B	Differenz A / B
Prozess: „Montageauftrag abwickeln"	55,00 DM	46,50 DM	8,50 DM
Subprozess: „Auftrag terminieren"	10,80 DM	9,80 DM	1,00 DM
Subprozess: „Material disponieren"	22,70 DM	17,20 DM	5,50 DM
Subprozess: „Arbeit verteilen und Arbeitspapiere bereitstellen"	12,90 DM	10,90 DM	2,00 DM
Subprozess: „Arbeitsfortschritt überwachen"	8,60 DM	8,60 DM	0,00 DM

Von den Subprozessen fällt vor allem der Prozess „Material disponieren" ins Auge, weil seine Kosten bei Unternehmen B um 5,50 DM bzw. ca. 25% niedriger sind als bei Unternehmen A. Auf der Suche nach der Ursache für die Kostenabweichung zeigt sich, dass Unternehmen B ein hochmodernes, automatisches, zentral gelegenes Hochregallager hat. Unternehmen A hat dagegen dezentrale Läger, die umfangreiche Dispositions- und Logistikprozesse erforderlich machen. Daraufhin werden bei Unternehmen A folgende Kostensenkungsziele gesetzt:

※ Kurzfristig sollen die Kosten des Subprozesses von 22,70 DM auf 19,50 DM gesenkt werden. Das soll dadurch erreicht werden, dass die bestehenden Läger und die Logistikprozesse optimiert werden.

※ Langfristig sollen die Kosten des Subprozesses auf 16,20 DM gesenkt werden. Das soll durch den Bau eines zentralen Hochregallagers erreicht werden. Das langfristige Kostenziel, das unter den Kosten des Unternehmens B liegt (17,20 DM), resultiert aus der Philosophie des Benchmarking: Es geht nicht darum, so gut wie der Beste zu werden, sondern ihn zu überflügeln.

2.5.5 Kritische Würdigung

Benchmarking bzw. Cost Benchmarking ist ein Werkzeug, um systematisch und ohne Zeitverlust von anderen zu lernen. Dabei geht es nicht darum, „Erfolgsrezepte" anderer Unternehmen oder Bereiche einfach zu kopieren bzw. unreflektiert auf das eigene Problem anzuwenden. Es geht vielmehr darum, Abläufe, Prozesse etc. von Unternehmen, die auf einem bestimmten, speziellen Teilgebiet führend sind,

※ kennenzulernen,

※ mit den eigenen zu vergleichen,

※ die wesentlichen Bestimmungsfaktoren der besseren Prozesse zu erkennen,

※ diese sinnvoll neu zu kombinieren,

※ an die Struktur und Kultur des eigenen Unternehmens anzupassen,

※ zu implementieren

(vgl. hierzu wie zu dem Folgenden Walz / Bertels, 1995, S. 176 - 177).

Die wesentlichen Probleme des Benchmarking / Cost Benchmarking bestehen

※ im Finden der besten Benchmark-Partner,

※ in der Informationsbeschaffung (vor allem beim Konkurrenz-Benchmarking) - hier besteht das Problem häufig darin, keine adäquaten Gegenleistungen anbieten zu können -,

※ in der Dokumentation der zentralen Merkmale der relevanten Abläufe sowohl beim Partner als auch im eigenen Unternehmen ,

※ in der Herstellung der Vergleichbarkeit der Benchmark-Objekte mit den Benchmarks bzw. im Erkennen und adäquatem Bewerten der Ähnlichkeiten und Unterschiede,

※ in der Anpassung bzw. Übertragung auf eigene Strukturen und die eigene Kultur,

※ in der Implementierung.

2.5.6 Integration von Target Costing, Prozesskostenrechnung und Cost Benchmarking

Die Kombination von Prozesskostenrechnung und Cost Benchmarking lässt sich zusätzlich um das Target Costing erweitern. Wie die Integration der drei Instrumente aussehen kann, beschreibt die Fallstudie VI.

Fallstudie VI: Kombination von Target Costing, Prozesskostenrechnung und Cost Benchmarking

(Die Daten des Target Costing sind angelehnt an Jacob, 1993, S. 170 - 176 bzw. Niemand, 1993, S. 328 - 331.)

Ein Unternehmen im Anlagenbau hat sich auf die Herstellung von Dosentrocknungsanlagen für die Getränkeindustrie spezialisiert, d.h. es baut Anlagen, in denen gepresste und lackierte Dosen getrocknet werden. Das Unternehmen verhandelt mit einem Kunden über den Bau einer speziellen Trocknungsanlage mittlerer Leistung. Der Kunde erwartet, dass die Anlage folgende Hauptfunktionen erfüllt und hat sie ihrer Bedeutung nach gewichtet:

	Funktionen	Erläuterungen	Gewicht
F_1:	Wärmestrom	Voraussetzung für die Lacktrocknung	0,20
F_2:	Dosentransport	Die Dosen müssen die Anlage durchlaufen, d.h. sie müssen transportiert werden.	0,20
F_3:	Verfügbarkeit	Zeit in der die Anlage verfügbar ist. Nicht verfügbar ist sie z.B. bei störungsbedingten Ausfallzeiten sowie bei Wartung und Reparatur.	0,15
F_4:	Ausschuss	Menge der fehlerhaft getrockneten Dosen	0,10
F_5:	Anlagenleistung	Trocknungskapazität (Dosen / Minute)	0,10
F_6:	Betriebskosten	Kosten des laufenden Betriebs	0,10
:			

	Funktionen	Erläuterungen	Gewicht
F_7:	Anlagenvariabilität	Veränderlichkeit der Anlage	0,05
F_8:	Wartung	Bedarf an Wartung	0,10
Σ			1,00

Aus den Daten kann ersehen werden, dass für den Kunden nicht nur die klassischen Funktionen einer Dosentrocknungsanlage wie „Wärmestrom" oder „Dosentransport" von Bedeutung sind, sondern auch die Funktionen „Verfügbarkeit", „Betriebskosten" und „Ausschuss". Für eine Anlage mit den genannten Merkmalen ist der Kunde bereit, 260 000 DM zu bezahlen. Das Unternehmen strebt eine Umsatzrendite in Höhe von 10% an.

Zur Ausübung der Hauptfunktionen tragen folgende Produktkomponenten in folgendem Ausmass bei:

	F_1	F_2	F_3	F_4	F_5	F_6	F_7	F_8
K_1: Transportband	0,1	0,4	0,2	0,2	0,25	0,3	0,2	0,35
K_2: Mess- und Regeltechnik	0,2	0,05	0,2	0,2	0,05	0,1		0,1
K_3: Heizanlage	0,6	0,1	0,2	0,3	0,25	0,3	0,4	0,25
K_4: Kühlzone		0,05	0,05	0,05	0,05	0,1		0,05
K_5: Gehäuse		0,05	0,1	0,05	0,05	0,05	0,1	0,15
K_6: Transfersystem	0,1	0,25	0,2	0,15	0,25	0,1	0,2	0,05
K_7: Abluftsystem		0,1	0,05	0,05	0,1	0,05	0,1	0,05
Summe	1,00	1,00	1,00	1,00	1,00	1,00	1,00	1,00

Erläuterungen:

❋ Das Transportband transportiert die Dosen durch die Trocknungsanlage.

❋ Die Mess- und Regeltechnik sorgt für die mechanische bzw. computergestützte Steuerung der Dosen innerhalb der Trocknungsanlage.

❋ Die Heizanlage trocknet die Dosen.

❋ In der Kühlzone werden die getrockneten Dosen gekühlt.

❋ Das Gehäuse umschliesst die technischen Bauteile der Anlage.

❋ Das Transfersystem regelt die Übergabe der Dosen von der Druckmaschine - die die Dosen bedruckt und der Trocknungsanlage vorgeschaltet ist - auf die Trocknungsanlage.

❋ Das Abluftsystem regelt die Abluft.

❋ Beispiele für die Gewichtung:

  – Das Gehäuse trägt in keiner Weise zur Funktion 1: Lack trocknen bei. Daher weist die Komponente für die Funktion 1 den Wert 0 auf.

  – Jede Komponente kann die Ursache dafür sein, dass die Anlage fehlerhafte Dosen produziert. Allerdings hat z.B. ein Fehler in der Mess- und Regeltechnik eine wesentlich grössere Menge an fehlerhaften Dosen zur Folge als ein Schaden am Gehäuse der Anlage. Daher trägt die Komponente K_2: Mess- und Regeltechnik in höherem Ausmass (0,2) zur Realisierung der Funktion 4: Ausschuss" bei, als die Komponente K_5: Gehäuse (0,05).

Bei der Ermittlung der Drifting Costs der Dosentrocknungsanlage bzw. ihrer Komponenten greift das Unternehmen auf seine bisherigen Erfahrungen bei der Herstellung von Trocknungsanlagen zurück und projiziert die aktuelle Kostensituation im Unternehmen auf das neue Produkt. Die Drifting Costs werden mit einer Vollkostenrechnung ermittelt, die wie folgt aufgebaut ist:

1. Ermittlung der Materialeinzelkosten für eigengefertigte Komponenten,

2. Ermittlung der Beschaffungspreise für fremdbezogene Komponenten,

3. Ermittlung der Fertigungs- bzw. Montagelöhne (Fertigungs- bzw. Montageeinzelkosten) sowie des Anteils an den Gemeinkosten der direkten Bereiche (z.B. Kosten für Werkzeuge, Hilfslöhne, Reparaturkosten) über die Bezugsgrössen

   – Rüststunden,
   – Maschinenstunden,
   – Fertigungsstunden,
   – Montagestunden,

4. prozessorientierte Ermittlung des Anteils an den Gemeinkosten der indirekten produktnahen Bereiche (z.B. Materialbereich),

5. Ermittlung des Anteils an den Gemeinkosten der indirekten produktfernen Bereiche (z.B. Verwaltung) über Zuschlagssätze.

Im Einzelnen ist von folgenden Daten auszugehen:

※ Das Unternehmen montiert die Anlage in 7 Fertigungsstufen. Dazu sind 30 Montagestunden und 20 Maschinenstunden erforderlich.

※ Von den Produktkomponenten fertigt das Unternehmen nur die Heizanlage (K_3) selbst. Die Heizanlage ist eine Sonderanfertigung und wird daher in der Losgrösse 1 hergestellt. Sie lässt sich weiter in folgende Baugruppen bzw. -teile untergliedern:

  – Brenner,
  – Brennkammer,
  – Ventilator,
  – Kompensator,
  – Heissluftauslasskanal,
  – Lenk- und Luftverteilbleche,
  – Rücklaufkanal.

※ Zum Brenner

  – Der Brenner besteht aus 20 Fremdbezugsteilen. Davon sind 10 Teile Mehrfachverwendungsteile und werden daher jeweils in der Losgrösse 100 zum durchschnittlichen Stückpreis von 500 DM beschafft und eingelagert. Die restlichen 10 Teile werden von unterschiedlichen Lieferanten speziell für die Trocknungsanlage zum durchschnittlichen Stückpreis von 800 DM beschafft und eingelagert.

  – Der Brenner wird in 10 Fertigungsstufen hergestellt. Die erforderlichen Komponenten bzw. Teile werden aus dem Lager kommissioniert. Zur Herstellung sind 4 Rüststunden, 70 Maschinenstunden und 80 Fertigungsstunden erforderlich.

  – Die Verrechnungssätze in den direkten Bereichen betragen:

50 DM / Rüststunde	
120 DM / Maschinenstunde	

100 DM   /   Fertigungsstunde
90 DM   /   Montagestunde

※ Zu den restlichen Baugruppen bzw. -teilen

Die restlichen Baugruppen bzw. -teile werden fremdbezogen. Dabei gilt:

– Die Lenk- und Luftverteilbleche lassen sich in mehreren Trocknervarianten einsetzen. Sie werden daher in der Losgrösse 1 000 zum durchschnittlichen Stückpreis von 10 DM beschafft und eingelagert. Für die Trocknungsanlage werden
20 Bleche benötigt.

– Die restlichen Baugruppen bzw. -teile werden speziell für die Sonderanfertigung
von unterschiedlichen Lieferanten beschafft und eingelagert. Dabei gilt:

	Brenn-kammer	Ventilator	Kompen-sator	Heissluft-auslasskanal	Rücklauf-kanal
Preis / Stück	12 000 DM	6 000 DM	5 000 DM	4 000 DM	4 000 DM

※ Die restlichen Komponenten werden fremdbezogen. Die Beschaffungspreise der
fremdbezogenen Komponenten sind:

	K_1	K_2	K_4	K_5	K_6	K_7
Preis / Stück	55 000 DM	27 000 DM	12 000 DM	16 000 DM	31 000 DM	15 000 DM

Auch diese Komponenten werden eingelagert.

※ Auszug aus der Prozesskostenstellenrechnung:

Hauptprozesse (HP) und Teilpro- zesse (TP)	Kostentreiber	Prozessko- stensätze der HP und TP
HP I: Fremdkomponenten bzw. -teile beschaffen	**Zahl der Bestellungen**	**420 DM**
TP 1: Bestellungen abwickeln	Zahl der Bestellungen	200 DM
TP 2: Rechnungsprüfung	Zahl der Bestellungen	90 DM
TP 3: Marktbeobachtungen	Zahl der Bestellungen	130 DM
HP II: Lagerverwaltung	**Zahl der Stücklistenpositionen**	**80 DM**
TP 1: Dispositionen	Zahl der Stücklistenpositionen	30 DM
TP 2: Logistik	Zahl der Stücklistenpositionen	50 DM
HP III: Fertigungs- bzw. Montageauftrags- steuerung	**Zahl der Fertigungsstufen**	**200 DM**
TP 1: Auftrag terminieren	Zahl der Fertigungsstufen	60 DM
TP 2: Arbeit verteilen und Ar- beitspapiere erstellen	Zahl der Fertigungsstufen	70 DM
TP 3: Arbeitsfortschritt über- wachen	Zahl der Fertigungsstufen	70 DM
HP IV: Projektmanagement :	**Zahl der Projekte**	**1 000 DM**
HP V: Kundenauftrags- abwicklung :	**Zahl der Kundenaufträge**	**500 DM**

❊ Die Gemeinkosten der indirekten produktfernen Bereiche sind Verwaltungskosten. Der Zuschlagssatz zur Ermittlung anteiliger Verwaltungsgemeinkosten beträgt 10% und wird auf die Herstellkosten gerechnet.

Nachfolgend werden

❊ **die Zielkosten der Trocknungsanlage insgesamt,**

❊ **die Zielkostenanteile der Produktkomponenten,**

❊ **die Drifting Costs der Produktkomponenten**

ermittelt. Daran anschliessend wird

❊ **Cost Benchmarking**

eingesetzt, um von anderen Unternehmen zu lernen, wie Abweichungen der Drifting Costs von den Zielkostenanteilen reduziert werden können.

1. Ermittlung der Zielkosten der Dosentrocknungsanlage

	Zielpreis	260 000 DM
-	10% Umsatzrendite	26 000 DM
=	Zielkosten	234 000 DM

2. Ermittlung der Zielkosten i. e. S.

Zielkosten		234 000 DM
-	Montagekosten der Gesamtanlage in den direkten Bereichen	
	→ 30 Montagestunden x 90 DM / Montagestunde =	2 700 DM
	→ 20 Maschinenstunden x 120 DM / Maschinenstunde =	2 400 DM
=	Zwischensumme	228 900 DM

= Zwischensumme	228 900 DM
- Prozesskosten für Montage des Endprodukts (HP III) → 7 Fertigungsstufen x 200 DM / Fertigungsstufe = 1 400 DM → 1 400 DM : 1 (Losgrösse Endprodukt) =	 1 400 DM
- Prozesskosten Projektmanagement (HP IV)	1 000 DM
- Prozesskosten Kundenauftragsabwicklung (HP V)	500 DM
= **Zielkosten i. e. S.**	**226 000 DM**

3. Zielkostenspaltung

a. Ermittlung der Bedeutung der Komponenten

	F_1	F_2	F_3	F_4	F_5	F_6	F_7	F_8	Σ
K_1	0,1 x 0,2 = 0,02	0,4 x 0,2 = 0,08	0,2 x 0,15 = 0,03	0,2 x 0,1 = 0,02	0,25 x 0,1 = 0,025	0,3 x 0,1 = 0,03	0,2 x 0,05 = 0,01	0,35 x 0,1 = 0,035	0,25
K_2	0,2 x 0,2 = 0,04	0,05 x 0,2 = 0,01	0,2 x 0,15 = 0,03	0,2 x 0,1 = 0,02	0,05 x 0,1 = 0,005	0,1 x 0,1 = 0,01	0 x 0,05 = 0	0,1 x 0,1 = 0,01	0,125
K_3	0,6 x 0,2 = 0,12	0,1 x 0,2 = 0,02	0,2 x 0,15 = 0,03	0,3 x 0,1 = 0,03	0,25 x 0,1 = 0,025	0,3 x 0,1 = 0,03	0,4 x 0,05 = 0,02	0,25 x 0,1 = 0,025	0,3
K_4	0 x 0,2 = 0	0,05 x 0,2 = 0,01	0,05 x 0,15 = 0,0075	0,05 x 0,1 = 0,005	0,05 x 0,1 = 0,005	0,1 x 0,1 = 0,01	0 x 0,05 = 0	0,05 x 0,1 = 0,005	0,0425
:									

	F_1	F_2	F_3	F_4	F_5	F_6	F_7	F_8	Σ
K_5	0 x 0,2 = 0	0,05 x 0,2 = 0,01	0,1 x 0,15 = 0,015	0,05 x 0,1 = 0,005	0,05 x 0,1 = 0,005	0,05 x 0,1 = 0,005	0,1 x 0,05= 0,005	0,15 x 0,1 = 0,015	0,06
K_6	0,1 x 0,2 = 0,02	0,25 x 0,2 = 0,05	0,2 x 0,15 = 0,03	0,15 x 0,1 = 0,015	0,25 x 0,1 = 0,025	0,1 x 0,1 = 0,01	0,2 x 0,05= 0,01	0,05 x 0,1 = 0,005	0,165
K_7	0 x 0,2 = 0	0,1 x 0,2 = 0,02	0,05 x 0,15 = 0,0075	0,05 x 0,1 = 0,005	0,1 x 0,1 = 0,01	0,05 x 0,1 = 0,005	0,1 x 0,05 = 0,005	0,05 x 0,1 = 0,005	0,0575
Σ	0,2	0,2	0,15	0,1	0,1	0,1	0,05	0,1	1,00

b. Ermittlung der Zielkostenanteile i.e.S. der Produktkomponenten

Komponente	Bedeutung	x	Zielkosten i.e.S. =	Zielkostenanteil i.e.S.
K_1	0,25	x	226 000 DM =	56 500 DM
K_2	0,125	x	226 000 DM =	28 250 DM
K_3	0,3	x	226 000 DM =	67 800 DM
K_4	0,0425	x	226 000 DM =	9 605 DM
K_5	0,06	x	226 000 DM =	13 560 DM
K_6	0,165	x	226 000 DM =	37 290 DM
K_7	0,0575	x	226 000 DM =	12 995 DM
Summe				226 000 DM

4. Ermittlung der Drifting Costs i.e.S. der Produktkomponenten

	K_1 (DM)	K_2 (DM)	K_3 (DM)	K_4 (DM)	K_5 (DM)	K_6 (DM)	K_7 (DM)
1. Materialeinzelkosten der eigengefertigten Komponente							
Brenner							
10 Teile x 500 DM/Teil = 5 000 DM			5 000				
10 Teile x 800 DM/Teil = 8 000 DM			8 000				
Restliche Baugruppen und -teile							
→ Lenk- u. Luftverteilbleche							
20 Bleche x 10 DM / Blech = 200 DM			200				
→ Brennkammer			12 000				
→ Ventilator			6 000				
→ Kompensator			5 000				
→ Heissluftkanal			4 000				
→ Rücklaufkanal			4 000				
2. Beschaffungspreise der fremdbezogenen Komponenten							
→ Preise	55 000	27 000		12 000	16 000	31 000	15 000

	K_1 (DM)	K_2 (DM)	K_3 (DM)	K_4 (DM)	K_5 (DM)	K_6 (DM)	K_7 (DM)
3. Fertigungs- bzw. Montagelöhne sowie Anteil an den Gemeinkosten der direkten Bereiche							
Brenner							
4 Rüststd. x 50 DM/Rüststd. = 200 DM			200				
70 Masch.-Std. x 120 DM/Std. = 8 400 DM			8 400				
80 Fert.-Std. x 100 DM/Std. = 8 000 DM			8 000				
4. Prozesskosten der indirekten produktnahen Bereiche							
a. Fremdkomponenten bzw. -teile beschaffen (HP I)							
Beschaffungen für die Heizanlage (K_3)							
Brenner							
→ Mehrfachverwendungsteile							
420 DM/Best. : 100 Teile /Best. = 4,20 DM/Teil							

	K_1 (DM)	K_2 (DM)	K_3 (DM)	K_4 (DM)	K_5 (DM)	K_6 (DM)	K_7 (DM)
Bedarf für 1 K_3 = 10 Teile							
10 Teile x 4,20 DM/Teil = 42 DM			42				
→ restliche Teile							
420 DM/Best. : 1 Teil/Best. = 420 DM/Teil							
Bedarf für 1 K_3 = 10 Teile							
10 Teile x 420 DM/Teil = 4 200 DM			4 200				
Restliche Baugruppen und Teile							
420 DM/Best. : 1 Teil/Best. = 420 DM/Teil							
→ Brennkammer			420				
→ Ventilator			420				
→ Kompensator			420				
→ Heissluftauslasskanal			420				
→ Rücklaufkanal			420				

	K_1 (DM)	K_2 (DM)	K_3 (DM)	K_4 (DM)	K_5 (DM)	K_6 (DM)	K_7 (DM)
Beschaffungen der fremdbezogenen Komponenten							
420 DM/Best. : 1 Komp./Best. = 420 DM/Komp.	420	420		420	420	420	420
b. Lagerverwaltung (HP II)							
Einlagerung der fremdbezogenen Teile für die Heizanlage (K_3)							
20 Teile für den Brenner							
+ 1 Brennkammmer							
+ 1 Ventilator							
+ 1 Kompensator							
+ 1 Heissluft.-Kanal							
+ 1 Rücklaufkanal							
= 25 Stücklistenpos.							
80 DM/Position x 25 Positionen = 2 000 DM			2 000				
Einlagerung der fremdbezogenen Komponenten							
80 DM/Position							

	K$_1$ (DM)	K$_2$ (DM)	K$_3$ (DM)	K$_4$ (DM)	K$_5$ (DM)	K$_6$ (DM)	K$_7$ (DM)
Jede Komponente = 1 Stücklistenposition	80	80		80	80	80	80
Kommissionierung der fremdbezogenen Teile für die Heizanlage (K$_3$)							
20 Teile für den Brenner							
+ 1 Brennkammmer							
+ 1 Ventilator							
+ 1 Kompensator							
+ 1 Heissluft.-Kanal							
+ 1 Rücklaufkanal							
= 25 Stücklistenpos.							
80 DM/Position x 25 Positionen = 2 000 DM			2 000				
Einlagerung der Heizanlage							
80 DM/Position			80				
Kommissionierung für das Endprodukt							
80 DM/Position							
Jede Komponente = 1 Stücklistenposition	80	80	80	80	80	80	80

	K_1 (DM)	K_2 (DM)	K_3 (DM)	K_4 (DM)	K_5 (DM)	K_6 (DM)	K_7 (DM)
c. Fertigungssteue-rung der eigengefer-tigten Komponente (HP III)							
200 DM/Fert.-Stufe x 10 Fert.-Stufen = 2 000 DM : 1 (Losgrösse) = 2 000 DM			2 000				
5. Gemeinkosten der indirekten produkt-fernen Bereiche							
Zuschlagssatz: 10% auf die Herstellkosten							
Herstellkosten der Komponenten	55 580	27 580	73 302	12 580	16 580	31 580	15 580
Zuschlag für Verwal-tungsgemeinkosten	5 558	2 758	7 330	1 258	1 658	3 158	1 558
= **Drifting Costs** i.e.S. der Produktkompo-nenten	**61 138**	**30 338**	**80 632**	**13 838**	**18 238**	**34 738**	**17 138**

Die Drifting Costs i.e.S. der Gesamtanlage ergeben sich aus der Addition der Drif-ting Costs i.e.S. der Produktkomponenten. Im Beispiel betragen sie 256 060 DM.

5. Gegenüberstellung der Zielkostenanteile i.e.S. und der Drifting Costs i.e.S. der Produktkomponenten

Komponente	Zielkostenanteil i.e.S.	Drifting Costs i.e.S.	Kostenüberschreitung / Funktionsverbesserungsbedarf
K_1	56 500 DM	61 138 DM	4 638 DM Kostenüberschreitung
K_2	28 250 DM	30 338 DM	2 088 DM Kostenüberschreitung
K_3	67 800 DM	80 632 DM	12 832 DM Kostenüberschreitung
K_4	9 605 DM	13 838 DM	4 233 DM Kostenüberschreitung
K_5	13 560 DM	18 238 DM	4 678 DM Kostenüberschreitung
K_6	37 290 DM	34 738 DM	2 552 DM Funktionsverbesserungsbedarf
K_7	12 995 DM	17 138 DM	4 143 DM Kostenüberschreitung
Summe	226 000 DM	256 060 DM	30 060 DM Kostenüberschreitung

Ergebnis:

Die mit Abstand grösste Abweichung ist die Kostenüberschreitung bei K_3: Heizanlage in Höhe von 12 832 DM.

6. Cost Benchmarking

Um Ansatzpunkte für eine Reduktion der Kosten dieser Komponente zu bekommen, betreibt das Unternehmen ein Cost Benchmarking mit ausgewählten Konkurrenten. Das Cost Benchmarking führt u.a. zu folgenden Erkenntnissen:

1. Bei der Beschaffung von Fremdkomponenten bzw. -teilen setzt ein Konkurrent ein elektronisches Bestellsystem ein, das zu einer erheblichen Reduktion der durchschnittlichen Bestellabwicklungszeit und damit der Kosten des Teilprozes-

ses „Bestellungen abwickeln" führt. Die Kosteneinsparung beim Konkurrenten wird mit 16% angegeben.

2. Derselbe Konkurrent verzichtet auf detaillierte Marktbeobachtungen. Er stellt seine Beobachtungen nur anhand von Verbandszahlen an. Dadurch hat er die Kosten des Teilprozesses „Marktbeobachtungen" um 50% senken können.

3. Ein Konkurrent setzt im Lager selbständig arbeitende Teams und leistungsfähigere Gabelstapler ein. Dadurch wird die Handlingzeit wesentlich reduziert und die Kosten für das Handling einer Stücklistenposition sinken um 12%.

4. Derselbe Konkurrent pflegt intensive Beziehungen zu seinen Zulieferern. Beide unterhalten gemeinsam besetzte Teams, die bei den Zulieferern nach Kostensenkungspotentialen suchen. Durch diese Teams konnten z.B. die Ausschussquoten bei den Zulieferern drastisch gesenkt und der Einsatz von Werkzeugen reduziert werden. Die bei den Zulieferern erzielten Kostensenkungen werden zum Teil an den Konkurrenten weitergegeben. Das führt zu einer Reduktion der Beschaffungspreise um 15%.

5. Ein Konkurrent fertigt die Brenner der Heizanlagen in neun Fertigungsstufen. Dadurch sind weniger Fertigungssteuerungsprozesse erforderlich und der Bedarf an Rüst-, Maschinen- und Fertigungsstunden liegt durchschnittlich um 5% niedriger.

7. Ermittlung der möglichen Kosteneinsparungen

Bei konsequenter Übernahme der Verbesserungen sind folgende Kosteneinsparungen bei der Heizanalge (K_3) möglich:

	VOR Cost Benchmarking	Kostensen-kung	NACH Cost Bench-marking
1. Materialeinzelkosten			
Brenner			
→ Mehrfachverwendungsteile Kosteneinsparpotential (vgl. 4.) 15% x 5 000 DM = 750 DM	5 000 DM	750 DM	4 250 DM
→ spezielle Teile Kosteneinsparpotential (vgl. 4.) 15% x 8 000 DM = 1 200 DM	8 000 DM	1 200 DM	6 800 DM
restliche Baugruppen bzw. -teile			
→ Lenk- und Luftverteilbleche Kosteneinsparpotential (vgl. 4.) 15% x 200 DM = 30 DM	200 DM	30 DM	170 DM
→ Brennkammer Kosteneinsparpotential (vgl. 4.) 15% x 12 000 DM = 1 800 DM	12 000 DM	1 800 DM	10 200 DM
→ Ventilator Kosteneinsparpotential (vgl. 4.) 15% x 6 000 DM = 900 DM	6 000 DM	900 DM	5 100 DM
→ Kompensator Kosteneinsparpotential (vgl. 4.) 15% x 5 000 DM = 750 DM	5 000 DM	750 DM	4 250 DM

	VOR Cost Benchmark ing	Kostensen- kung	NACH Cost Bench- marking
→ Heissluftkanal			
Kosteneinsparpotential (vgl. 4)			
15% x 4 000 DM = 600 DM	4 000 DM	600 DM	3 400 DM
→ Rücklaufkanal			
Kosteneinsparpotential (vgl. 4.)			
15% x 4 000 DM = 600 DM	4 000 DM	600 DM	3 400 DM
2. Fertigungs- bzw. Montagelöhne sowie Anteil an den Gemeinkosten der direkten Bereiche			
Brenner			
→ Rüststunden			
Kosteneinsparpotential (vgl. 5.)			
5% x 4 Std. = 0,2 Std.			
0,2 Std. x 50 DM/Std. = 10 DM	200 DM	10 DM	190 DM
→ Maschinenstunden			
Kosteneinsparpotential (vgl. 5.)			
5% x 70 Std. = 3,5 Std.			
3,5 Std. x 120 DM/Std. = 420 DM	8 400 DM	420 DM	7 980 DM
→ Fertigungsstunden			
Kosteneinsparpotential (vgl. 5.)			
5% x 80 Std. = 4 Std.			
4 Std. x 100 DM/Std. = 400 DM	8 000 DM	400 DM	7 600 DM

	VOR Cost Benchmark ing	Kostensen- kung	NACH Cost Bench- marking
3. Prozesskosten der indirekten pro- duktnahen Bereiche **a. Fremdkomponenten bzw. -teile be- schaffen (HP I)** → bisherige Prozesskostensätze HP I: 420 DM/Bestellung TP 1: 200 DM/Bestellung TP 2: 90 DM/Bestellung TP 3: 130 DM/Bestellung Kosteneinsparpotential bei TP 1 (vgl. 1.) 15% x 200 DM/Best. = 30 DM/Best. Kosteneinsparpotential bei TP 3 (vgl. 2.) 50% x 130 DM/Best. = 65 DM/Best. → neue Prozesskostensätze HP I: 325 DM/Bestellung TP 1: 170 DM/Bestellung TP 2: 90 DM/Bestellung TP 3: 65 DM/Bestellung **Brenner** → Mehrfachverwendungsteile 325 DM/Best. : 100 Teile /Best. = 3,25 DM/Teil Bedarf für 1 K_3 = 10 Teile 10 Teile x 3,25 DM/Teil = 32,50 DM			
	42 DM	9,50 DM	32,50 DM

	VOR Cost Benchmarking	Kostensenkung	NACH Cost Bench- marking
→ restliche Teile 325 DM/Best. : 1 Teil /Best. = 325 DM/Teil Bedarf für 1 K_3 = 10 Teile 10 Teile x 325 DM/Teil = 3 250 DM	4 200 DM	950 DM	3 250 DM
Restliche Baugruppen und Teile 325 DM/Best. : 1 Teil/Best. = 325 DM/Teil → Brennkammer 325 DM → Ventilator 325 DM → Kompensator 325 DM → Heissluftauslasskanal 325 DM → Rücklaufkanal <u>325 DM</u> 1 625 DM	2 100 DM	475 DM	1 625 DM
b. Lagerverwaltung (HP II) → bisheriger Prozesskostensatz HP II: 80 DM/Stücklistenposition Kosteneinsparpotential bei HP II (vgl. 3.) 20% x 80 DM/Pos. = 16 DM/Pos. → neuer Prozesskostensatz HP II: 64 DM/Stücklistenposition			

	VOR Cost Benchmarking	Kostensenkung	NACH Cost Benchmarking
→ Einlagerung der Fremdteile für K_3 64 DM/Pos. x 25 Positionen = 1 600 DM	2 000 DM	400 DM	1 600 DM
→ Kommissionierung für K_3 64 DM/Pos. x 25 Positionen = 1 600 DM	2 000 DM	400 DM	1 600 DM
→ Einlagerung der von K_3 K_3 = 1 Stücklistenposition	80 DM	16 DM	64 DM
→ Kommissionierung für das Endprodukt K_3 = 1 Stücklistenposition	80 DM	16 DM	64 DM
c. Fertigungssteuerung (HP III) Kosteneinsparpotential: 1 Fert.-Stufe (vgl. 5.) 9 Fert.-Stufen x 200 DM/Fert.-Stufe = 1 800 DM	2 000 DM	200 DM	1 800 DM
4. Gemeinkosten der indirekten produktfernen Bereiche Unter der Annahme, dass das Cost Benchmarking in diesen Bereichen zu einer relativen Kostenreduktion wie bei den Herstellkosten führt, bleibt der Zuschlagsatz unverändert bei 10% bezogen auf die Herstellkosten.			

	VOR Cost Benchmar-king	Kostensen-kung	NACH Cost Bench-marking
Herstellkosten der Heizanlage K₃	73 302,00	9 926,50	63 375,50
+ 10%	7 330,20	992,65	6 337,55
Drifting Costs i.e.S. der Heizanlage K₃	80 632 DM	10 919 DM	69 713 DM
Zielkostenanteil i.e.S.	67 800 DM		67 800 DM
Kostenüberschreitung	12 832 DM	10 919 DM	**1 913 DM**

8. Ergebnis

Das Cost Benchmarking war erfolgreich. Bei der Heizanlage K_3 konnte die Abweichung der Drifting Costs i.e.S. von den Zielkosten i.e.S. von 12 832 DM um 10 919 DM auf 1 913 DM reduziert werden, d.h. man ist dem Zielkostenanteil der Heizanlage erheblich näher gekommen. Sofern die Heizungsanlage nach diesen Kostensenkungen innerhalb der Zielkostenzone des Zielkostenkontrolldiagramms liegt, sind keine weiteren Kostensenkungsbemühungen mehr erforderlich. Liegt sie ausserhalb der Zielkostenzone, muss nach weiteren Kostensenkungspotentialen gesucht werden (vgl. dazu noch einmal 2.3.5 Zielkostenkontrolldiagramm).

Literaturverzeichnis

Back-Hock, Andrea, Lebenszyklusorientiertes Produktcontrolling, Ansätze zur computergestützten Realisierung mit einer Rechnungswesen-Daten- und Methodenbank, Berlin u.a. 1988

Back-Hock, Andrea, Produktlebenszyklusorientierte Ergebnisrechnung, in: Handbuch Kostenrechnung, hrsg. v. W. Männel, Wiesbaden 1992, S. 703 - 714

Brühl, Rolf, Informationen der Prozesskostenrechnung als Grundlage der Kostenkontrolle, in: krp - Kostenrechnungspraxis, 2 (1995), S. 73 - 79

Coenenberg, Adolf G. / Fischer, Thomas, Prozeßkostenrechnung - Strategische Neuorientierung in der Kostenrechnung, in: Die Betriebswirtschaft, 51 (1991), S. 21 - 38

Coenenberg, Adolf G. / Fischer, Thomas / Schmitz, Jochen, Target Costing und Product Life Cycle Costing als Instrumente des Kostenmanagements, in: Zeitschrift für Planung, 5 (1994), S. 1 - 38

Cooper, R. / Kaplan, R. S., How Cost Accounting Distorts Product Costs, in: Management Accounting, Vol. 69 (1988), 4, S. 20 - 27

Corsten, Hans, Fixkostenabbau bei schrumpfenden Unternehmungen, in: WISU, 11 (1985), S. 531 - 536

Dallah, Nariman K. / Yuspeh, Sonia, Forget the Product Life Cycle Concept!, in: Harvard Business Rewiew, 54 (1976), S. 102 - 112

Deisenhofer, Thomas, Marktorientierte Kostenplanung auf Basis von Erkenntnissen der Marktforschung bei der AUDI AG, in: Target Costing, hrsg. v. Péter Horváth, Stuttgart 1993, S. 93 - 117

Dreyfack, Raymond / Seibel, Johannes, Zero-Base-Budgeting, 2. Auflage, Zürich 1978

Freimuth, Joachim, Varianten und Tendenzen des Gemeinkostenmanagements, in: WiSt, Heft 2 (1987), S. 98 - 103

Fröhling, Oliver, Thesen zur Prozeßkostenrechnung, in: ZfB, 62 (1992), H. 7, S. 723 - 741

Fröhling, Oliver / Weis, Ekart, Thesen zum Kostenmanagement in den 90er Jahren, Schritte auf dem Weg zu einer dynamischen Marktkostenrechnung, in: Controlling, Heft 3, Mai / Juni 1992, S. 134 - 141

Gabler Wirtschaftslexikon, 13. Auflage, Wiesbaden 1993

Glaser, Horst, Prozeßkostenrechnung - Darstellung und Kritik, in: ZfBF, 44 (3/1992), S. 275 - 288

Göpfert / Rummel, An Example of How to Implement Activity Accounting, Siemens AG, West Germany 1988

Hannig, Uwe, Data Warehouse und Managementinformationssysteme, Stuttgart 1996

Horváth, Péter / Gleich, Ronald / Lamla, Joachim, Kostenrechnung in flexiblen Montagesystemen bei hoher Variantenvielfalt, in: WISU 3 (1993), S. 206 - 215

Horváth, Péter / Lamla, Joachim, Cost Benchmarking und Kaizen Costing, in: Handbuch Kosten- und Erfolgscontrolling, hrsg. v. Thomas Reichmann, München 1995, S. 64 - 88

Horváth, Péter / Mayer, Reinhold, Prozesskostenrechnung - Der neue Weg zu mehr Kostentransparenz und wirkungsvolleren Unternehmensstrategien, in: Controlling, 4 (1989), S. 214 - 219

Horváth, Péter / Mayer, Reinhold, Prozesskostenrechnung - Konzeption und Entwicklungen, in: krp - Kostenrechnungspraxis, Sonderheft 2 (1993), S. 15 - 28

Hummel, Siegfried / Männel, Wolfgang, Kostenrechnung 1, 4. Auflage, Wiesbaden 1986, unveränderter Nachdruck Wiesbaden 1993

Huber, Rudolf, Gemeinkosten-Wertanalyse, 2. Auflage, Bern/Stuttgart 1987

Jacob, Frank, Target Costing im Anlagenbau - das Beispiel der LTG Lufttechnische GmbH, in: Target Costing, hrsg. v. Peter Horváth, Stuttgart 1993, S. 155 - 190

Kampmann, Stefan, Bankkostenrechnung: Neukonzeption unter Einsatz der Prozesskostenrechnung, Wiesbaden 1995

Kilger, Wolfgang, Grenzplankostenrechnung, in: Entwicklungslinien der Kosten- und Erlösrechnung, hrsg. v. Klaus Chmielewicz, Kommission Rechnungswesen im Verband der Hochschullehrer für Betriebswirtschaft e.V., Stuttgart 1983, S. 57 - 81

Kilger, Wolfgang, Flexible Plankostenrechnung und Deckungsbeitragsrechnung, 9. Auflage, Wiesbaden 1988

Kilger, Wolfgang, Flexible Plankostenrechnung und Deckungsbeitragsrechnung, bearbeitet durch Kurt Vikas, 10. Auflage, Wiesbaden 1993

Koch, Jürgen, Ansätze zur Abbildung der zeitlichen Dimension von Entscheidungen in der Kostenrechnung, in: krp - Kostenrechnungspraxis, 2 (1986), S. 51 - 58

Küpper, Hans-Ulrich, Verknüpfung von Investitions- und Kostenrechnung als Kern einer umfassenden Planungs- und Kontrollrechnung, in: BFuP, 42 (1990), S. 253 - 267

Männel, Wolfgang, Kostenmanagement - Bedeutung und Aufgaben, in: krp - Kostenrechnungspraxis, 5 (1992), S. 289 - 291

Männel, Wolfgang, Entwicklungsperspektiven der Kostenrechnung, 2. Aufl., Lauf a. d. Pegnitz, 1996

Mayer, Reinhold, Prozeßkostenrechnung, in: krp - Kostenrechnungspraxis, 5 (1990), S. 307 - 312

Müller, Hansjörg / Wolbold, Markus, Target Costing im Entwicklungsbereich der „ElektroWerk AG", in: Target Costing, hrsg. v. Péter Horváth, Stuttgart 1993, S. 119 - 153

Niemand, Stefan, Target Costing im Anlagenbau, in: krp - Kostenrechnungspraxis, 5 (1993), S. 327 - 332

Oecking, Georg, Strategisches und operatives Fixkostenmanagement, Möglichkeiten und Grenzen des theoretischen Konzeptes und der praktischen Umsetzung im Rahmen des Kosten- und Erfolgs-Controlling, München 1994

Oecking, Georg, Kostenrechnung für das Fixkostenmanagement, in krp - Kostenrechnungspraxis, 5 (1995) (a), S. 253 - 259

Oecking, Georg, Datenbankgestütztes Vertragsmanagement, in: Handbuch Kosten- und Erfolgs-Controlling, hrsg. v. Thomas Reichmann, München 1995 (b), S. 449 - 470

Pfohl, Hans-Christian / Wübbenhorst, Klaus, Lebenszykluskosten. Ursprung, Begriff und Gestaltungsvariablen, in: JfB - Journal für Betriebswirtschaft, 33 (1983), S. 142 - 155

Pieske, Reinhard, Benchmarking: das Lernen von anderen und seine Begrenzungen, in: io Management Zeitschrift, Heft 6, 1994, S. 19 - 23

Reckenfelderbäumer, Martin, Entwicklungsstand und Perspektiven der Prozesskostenrechnung, Wiesbaden 1994

Reichmann, Thomas / Fröhling, Oliver, Integration von Prozesskostenrechnung und Fixkostenmanagement, in: krp - Kostenrechnungspraxis, Sonderheft 2 (1993), S. 63 - 73

Reichmann, Thomas / Oecking, Georg, Fixkostenmanagement auf Basis controllingorientierter Vertragsdatenbanken, in: Controlling, Heft 5, September / Oktober 1994, S. 252 - 261

Reiß, Michael / Corsten, Hans, Gestaltungsdomänen des Kostenmanagements, in: Handbuch Kostenrechnung, hrsg. v. W. Männel, Wiesbaden 1992, S. 1478 - 1491

Riebel, Paul, Die Bereitschaftskosten in der entscheidungsorientierten Unternehmerrechnung, in: ZfbF, 22 (1970), S. 372 - 386

Riebel, Paul, Zum Konzept einer zweckneutralen Grundrechnung, in: ZfbF, 31 (1979), S. 785 - 798

Riebel, Paul, Ansätze und Entwiclungen des Rechnens mit relativen Einzelkosten und Deckungsbeiträgen (II), in: krp - Kostenrechnungspraxis, 6 (1984), S. 215 - 220

Riebel, Paul, Probleme der Abbildung zeitlicher Strukturen im Rechnungswesen, in: Zeitaspekte in betriebswirtschaftlicher Theorie und Praxis, hrsg. v. H. Hax / W. Kern / H.-H. Schröder, Stuttgart 1989, S. 61 - 67

Riebel, Paul, Einzelkosten- und Deckungsbeitragsrechnung, 6. Auflage, Wiesbaden 1990

Rieger, Wilhelm, Einführung in die Privatwirtschaftslehre, Nürnberg 1928

Sakurai, M., The Practice of Cost Management Systems in Japan, in: Business Review of Senshu University, No. 5, September 1992

Serfling, Klaus / Schultze, Ronald, Benchmarking als Tool der Unternehmensführung und des Kostenmanagements, in: krp - Kostenrechnungspraxis, Heft 4, 41 (1997), S. 193 - 202

Shields, M. D. / Young, S. M., Managing Product Life Cycle Costs: An Organizational Model, in: Journal of Cost Management, Vol. 5, 1991, S. 39 - 52

Spendolini, Michael J., The benchmarking book, New York, AMACOM, 1992

Süverkrüp, Fritz, Die Abbaufähigkeit fixer Kosten, Grundlagen und Praxis der Betriebswirtschaft, Bd. 12, Berlin 1968

Verein Deutscher Ingenieure, VDI-Richtlinie 2235, 1987

Walz, Hartmut / Bertels, Thomas, Das intelligente Unternehmen, Landsberg / Lech 1995

Wöhe, Günter, Einführung in die Allgemeine Betriebswirtschaftslehre, 19. Auflage, München 1996

Womer, N.K., The Treatment of Risk in Analysis: A frameword for Discussion, in: Electronic Systems Effectivness an Life Cycle Costing, hrsg. v. J. K. Skwirzynski, Berlin u.a., 1983, S. 621 - 631

Wübbenhorst, Klaus, Konzept der Lebenszykluskosten. Grundlagen, Problemstellungen und technologische Zusammenhänge, Darmstadt 1984

Zehbold, Cornelia, Frühzeitige, lebenszyklusbezogene Kostenbeeinflussung und Ergebnisrechnung, in: krp - Kostenrechnungspraxis, 40 (1996), S. 46 - 51

Stichwortverzeichnis

A

Abweichungsanalyse 66; 71
Activity Based Costing 32
Allokationseffekt 73; 74
Auszahlungen 15; 137; 138; 140; 141; 142;
    143; 144; 145; 149; 150; 151; 155; 156

B

Barwert 142
Benchmark 174; 179; 180; 182; 185
Benchmarking 14; 174; 175; 176; 177;
    178; 179; 180; 181; 182; 183; 184; 185;
    186; 192; 201; 203; 204; 205; 206; 207;
    208; 210; 211; 212
- Arten des 175
- Cost 10; 14; 174; 175; 182; 183; 185;
    186; 192; 201; 203; 204; 205; 206; 207;
    208; 210
Bereiche
- direkte 7; 31; 32; 38; 183; 188; 189; 192;
    196; 204
- indirekte 10; 14; 28; 29; 30; 31; 32; 34;
    35; 37; 38; 40; 42; 43; 45; 46; 49; 65;
    69; 72; 74; 78; 104; 168; 183
Beschäftigung 2; 5; 11; 16; 67; 70; 78
Beschäftigungsabweichung 70; 79
Betriebsabrechnungsbogen 18; 19; 32; 40
Bezugsgrösse 5; 28; 30; 40; 72; 84
Bindungsdauer 15; 21; 22; 23; 27; 139
- Rest- 16
Bindungsintervall 15

D

Deckungsbeitrag 6; 14; 29; 78; 139; 152;
    153; 154; 155; 210; 211
Deckungsbeitragsrechnung 6; 14; 139;
    152; 154; 210; 211
Deckungslast 154
Degressionseffekt 73; 75

Dimension
- zeitliche 14
Direct Costing 5
Drifting Costs 107; 108; 109; 113; 114;
    115; 117; 119; 122; 157; 159; 160; 163;
    164; 165; 168; 170; 188; 192; 195; 200;
    201; 208

E

Eigentumspotential 20; 25
- datenbank 20; 25; 26; 27
Einflussgrösse 2
Einzahlungen 15; 137; 140; 141; 142; 143;
    144; 149; 150; 156
Engpassplanung 42
Erlöse
- begleitende 135
- Folge- 135

F

Fixkosten
- deckungsrechnung 5
- degression 11
- proportionalisierung 77; 105

G

Gemeinkostencontrolling 30; 66; 67; 70;
    71; 77; 78
Grenzplankostenrechnung 5; 28; 29; 32;
    33; 38; 40; 41; 42; 46; 66; 84; 210
Grundrechnung 27; 211

I

Identitätsprinzip 6
Interne Zinsfussmethode 151
Interpolation
- lineare 146; 151
Investitionsrechnung 139; 140; 142; 155

K

Kaizen 127; 130; 182; 183; 210
- Costing 182; 183; 210
Kalkulation
- Lohnzuschlags- 32
- prozessorientierte 49; 58; 79
- Verrechnungssatz- 32
- verursachungsgerechtere 49
- Zuschlags- 39; 49; 59; 64; 65; 74; 76
Kapitalwert 140; 142; 145; 146; 147; 149;
    151; 162; 163; 165; 166; 170; 173
Kapitalwertmethode 142
Komplexitätseffekt 73; 76
Kosten
- Abbaubarkeit 14; 16; 22; 90; 91; 93; 94;
    97; 98; 100; 101; 104
- abweichung 70
- anfall 136; 137
- artenmethode 17; 18; 19
- artenplan 17; 18
- beeinflussung 8; 132; 136; 137; 212
- begleitende 135
- Bereitschafts- 27; 211
- direkte 7
- Einzel- 1; 2; 6; 12; 14; 74; 80; 95; 104;
    105; 109; 139; 211
- erfassung 8
- Fertigungseinzel- 31; 51; 57; 77; 78; 109;
    120; 159; 164; 168
- Fertigungsgemein- 28; 31
- festlegung 136
- fixe 2; 3; 4; 12; 13; 14; 15; 17; 18; 19;
    22; 23; 24; 27; 29; 70; 77; 78; 79; 81;
    88; 89; 95; 96; 97; 98; 104; 154
- Folge- 21; 24; 135; 136
- Gemein- 1; 2; 6; 7; 11; 12; 13; 14; 29; 30;
    31; 32; 33; 40; 62; 63; 65; 69; 70; 74;
    76; 77; 79; 81; 86; 87; 88; 95; 104; 105;
    109; 133; 188; 189; 192; 196; 200; 204;
    207; 210
- Gesamt- 10; 13; 126; 128; 170; 173
- Herstell- 9; 32; 40; 57; 75; 76; 77; 78;
    142; 174; 192; 200; 207; 208
- Ist- 43; 66; 67; 68; 69; 70; 106; 170
- Lebenszyklus- 10; 136; 211; 212

- Leer- 70; 71
- Materialeinzel- 2; 28; 29; 31; 39; 51; 52;
    57; 58; 61; 64; 65; 74; 77; 78; 109; 153;
    159; 164; 168; 188; 195; 203
- Materialgemein- 2; 28; 31; 32; 64; 74
- Nutz- 70
- Planprozess- 43; 67; 84; 85
- planung 28; 29; 43; 106; 108; 124; 129;
    209
- Prozess- 34; 37; 43; 44; 46; 47; 49; 51;
    52; 53; 54; 55; 56; 57; 60; 61; 64; 75;
    77; 78; 79; 86; 90; 93; 95; 102; 105; 117;
    118; 121; 160; 164; 168; 175; 193; 196;
    205
- Prozesssoll- 66; 68; 69; 78
- Selbst- 31
- stellenrechnung 18; 39; 41; 46; 80; 82
- struktur 7; 9; 12; 182
- Stück- 10; 60; 61; 62; 63; 75; 106; 116
- transparenz 15; 17; 30; 66; 210
- variable 2; 3; 4; 6; 12; 13; 77; 78; 79; 90;
    91; 95; 96; 97; 153
- Vorlauf- 135
- zuordnung 8
Kostenbegriff
- entscheidungsorientierter 151
- wertmässiger 137; 138; 139;151
Kosteneinflussgrösse 5; 32; 38
Kostenmanagement
- strategisches 8
Kostenniveau 9; 10; 182
Kostenrechnung 1; 6; 7; 8; 15; 18; 22; 32;
    41; 106; 128; 129; 139; 151; 155; 209;
    210; 211
Kostenstelle 2; 27; 36; 37; 40; 42; 43; 44;
    66; 67; 70; 72; 73; 78; 82; 83; 84
Kostenstellenbudget 43; 44
Kostenstruktur 9; 13
Kostenträger 1; 2; 5; 6; 7; 12; 28; 31; 33;
    40; 46; 49; 73; 74; 104
Kostentreiber 32; 34; 38; 39; 40; 41
- mengen 34; 42
Kostenverlauf 9; 12
Kündigung
- frist 16; 21; 22; 23; 24; 25; 27
- zeitpunkt 16

L

Lean Management 7; 10; 72; 125; 126; 128; 129; 130; 131
Lebensphase 108
Lebenszyklus 106
- Produkt- 137; 138; 153; 154; 155

M

Management
- Fixkosten- 12; 14; 15; 18; 22; 23; 24; 27; 79; 80; 82; 211
- Kapazitäts- 71
- Lean 72; 131

N

Nutzungsdauer 16

P

Periodisierung 137; 138; 139; 151
Plankostenrechnung
- flexible 1; 6; 70; 84
- starre 1
Product Lifecycle Costing 10; 14; 108; 134; 136; 137; 138; 139; 140; 146; 155; 156; 157; 158
Prozess
- definition 34; 35
- hierarchie 34; 35; 36; 42; 70
- optimierung 71; 72
Prozesse
- Haupt- 36; 37; 38; 41; 42; 43; 45; 66; 68; 70; 191
- Teil- 35; 36; 37; 38; 41; 42; 43; 44; 45; 48; 67; 68; 69; 70; 82; 85; 86; 191
Prozesskostenrechnung 10; 12; 14; 28; 29; 30; 31; 32; 33; 34; 35; 36; 37; 39; 40; 42; 46; 49; 59; 61; 65; 66; 70; 71; 72; 73; 74; 76; 77; 79; 80; 84; 114; 115; 157; 158; 159; 183; 184; 186; 209; 210; 211
Prozesskostensätze 34; 39; 46; 47; 48; 68; 69; 70; 74; 78; 79; 86; 89; 90; 91; 92; 93; 94; 205; 206

R

Rechengrössen 137; 138; 139; 151
Rendite
- Kapital- 130; 131
- Umsatz- 107; 114; 117; 131; 158; 162; 163; 164; 165; 170; 187; 192

S

Schlüsselung 2; 133

T

Target Costing 7; 10; 65; 72; 106; 107; 108; 114; 117; 124; 125; 128; 129; 130; 131; 132; 133; 157; 158; 186; 209; 210; 211
Tätigkeitsanalyse 34; 35; 36; 71
Teilkostenrechnung 5; 6; 7; 133

V

Vertragspotential 20
- datenbank 20; 21; 25; 26
Verursachungsprinzip 1; 5; 6
Vollkostenrechnung 1; 2; 5; 6; 7; 28; 29; 30; 31; 32; 33; 46; 75; 77; 104; 188

W

Wertschöpfung 127
- kette 8; 9
Wirtschaftlichkeitskontrolle 33; 66; 70

Z

Zahlungsreihe 140; 146; 148; 149; 173
Zahlungsstrom 140
Zielkosten 107; 108; 109; 111; 112; 113; 117; 118; 119; 123; 124; 128; 129; 130; 131; 132; 133; 157; 159; 160; 162; 163; 192; 193; 194; 201; 208
- anteile 112; 113; 117; 119; 132; 133; 163; 192; 194; 201
- index 122; 123; 124
- kontrolldiagramm 122; 123
- spaltung 109; 110; 118; 193

Zielpreis 107; 117; 128; 132; 192
Zuschlagssatz 31; 47; 64; 75; 76; 192; 200
Zyklus
- Entstehungs- 134; 135; 136; 141; 142
- Lebens- 134; 136; 145; 151; 155; 156; 160
- Markt- 134; 135; 141; 142; 148
- Nachsorge- 134; 135; 142; 160; 168; 171